Hübener · Das Geld in der Welt der Senioren

Das Geld
in der Welt der Senioren

von

Prof. Dr. Erhard Hübener

Verlag Organisator Zürich

Rudolf Haufe Verlag Freiburg i. Br.

CIP-Titelaufnahme der Deutschen Bibliothek

Hübener, Erhard:
Das Geld in der Welt der Senioren / Erhard Hübener. - Zürich: Verlag Organisator;
Freiburg im Breisgau: Haufe 1990
ISBN 3-448-02217-9 (Haufe)
ISBN 3-7220-0062-9 (Verlag Organisator)

ISBN 3-448-02217-9 Best.-Nr. 20.24
ISBN 3-7220-0062-9

1. Auflage 1990

Umschlaggestaltung: Graphikdesign Philippe Dudek, Freiburg i. Br.
Satz: Satzrechenzentrum kühn & weyh Software GmbH, Freiburg i. Br.
Druck: F. X. Stückle, Ettenheim

Zum Geleit

Es gibt kaum Neues zwischen Himmel und Erde. Aber alles verändert sich ständig und dies in einem – wie es scheint – immer schnelleren Tempo. Unsere Großeltern hatten natürlich auch schon ihre Probleme mit der Altersversorgung. Das soziale Netz war lange nicht so dicht wie heute, und Bismarcks Sozialgesetze sind gerade erst ein gutes Jahrhundert alt. Die Einkommen für die Mehrzahl der Menschen reichte im vergangenen Jahrhundert im aktiven Arbeitsleben bestenfalls recht und schlecht aus, die Familien zu ernähren. Oft mußten die Kinder schließlich „für die Alten“ sorgen, die damit in Abhängigkeit gerieten. Dann gab es den „Privatrentier“, wie man damals diejenigen nannte, die das Glück hatten, von ihren Zinsen leben zu können. Die Rendite für die damaligen sicheren Staatsanleihen vor dem 1. Weltkrieg lag kaum über 4 Prozent. Freilich war Geld damals Gold. Die Zahl derjenigen, die vor Jahrzehnten einen gesicherten Ruhestand lange Zeit genießen konnten, war gering. Das durchschnittliche Lebensalter lag gut 10 Jahre unter den heutigen statistischen Werten. Versorgungsprobleme im Alter lösten sich somit früher oft schnell von selbst.

Heute zwingen allein schon die wesentlich längeren Lebenserwartungen, viel gründlicher und frühzeitiger über die Vorsorge nach Beendigung des aktiven Arbeitslebens nachzudenken. Auf die Familie ist in vielen Fällen auch nicht mehr Verlaß. Die Bevölkerungspyramide speziell in Deutschland ist durch den letzten Krieg und durch den Geburtenrückgang seit Mitte der 60er Jahre förmlich auf den Kopf gestellt worden. Es gibt immer mehr Alte, die „jung geblieben sind“ und ihren Ruhestand dank der Fortschritte unserer modernen Medizin und der pharmazeutischen Industrie genießen können. Für das Alter muß zudem in einem verkürzten Zeitabschnitt der aktiven Tätigkeit gesorgt werden, weil die Ausbildungszeiten sich erheblich verlängert haben. Akademiker zum Beispiel können heute kaum vor dem fünfunddreißigsten Lebensjahr ans Sparen denken. Umgekehrt sind die Bedürfnisse der Rentner und Pensionäre heute ungleich größer und breiter gefächert als das früher der Fall war. So gilt es, das im relativ kurzen sparfähigen Arbeitsleben Erworbene zu erhalten und nach Möglichkeit zu vermehren, ohne das Vermögen durch das Eingehen großer Risiken zu gefährden. Das ist ein Kunststück. Wer hat schon so viel Zeit – und auch Lust – sich intensiv mit Anlagefragen „nebenbei" zu beschäftigen? Der Aufbau eines Vermögens wird heute paradoxerweise durch die Inflation von Anlage-Angeboten eher erschwert als erleichtert. Die Anlagepalette gleicht einem reich beschickten Warenhaus, in dem der Kunde einer überwältigenden Zahl von „Waren" gegenübersteht. Was eignet sich für wen und für welche Zwecke und zu welcher Zeit am besten?

Die Erfahrung lehrt, daß es auf der ganzen Welt – überspitzt ausgedrückt – nicht zwei Anleger mit vollkommen gleichen Interessen gibt. Deshalb ist jegliche Hilfe für die Senioren in höchstem Grade erwünscht.

Was auf den folgenden Seiten vom Autor an praktischen Erfahrungen und an Geldphilosophie zusammengetragen wurde, ist beeindruckend. Der Inhalt geht weit über das hinaus, was uns gemeinhin im Dutzend in so vielen „Geldratgebern" offeriert zu werden pflegt. Erhard Hübener versteht es, Praxisnähe mit reichlichem fundamentalem Wissen auch der Steuer- und Erbgesetzgebung zu kombinieren. Das ist ein Glücksfall. So kann dieses Buch nicht nur jenen, die sich bereits „Senioren" nennen, empfohlen werden, sondern auch den Jüngeren, die sich auf ihr späteres Rentner- oder Rentier-Leben vorbereiten. Denken, planen und disponieren für das Alter kann nicht früh genug begonnen werden.

Zürich, im Oktober 1990 **Heinz Brestel**

Inhaltsverzeichnis

Hinweis für die Leser:

Ich habe mich bemüht, einen schwierigen Stoff einfach darzustellen. Dabei konnte ich nicht alle Fachausdrücke vermeiden. Unglücklicherweise werden außerdem manche Fachausdrücke in Büchern und Zeitungen nicht einheitlich verwendet. Deshalb habe ich im Anhang alle von mir verwendeten Fachausdrücke und einige Fremdworte erläutert. Auf diese Weise kann der Leser ihm nicht geläufige Begriffe leicht nachschlagen.

Dank:
Ich danke meiner Ehefrau, Dipl. rer. pol. Dorothee Hübener, für zahlreiche Anregungen, vor allem aus dem Blickwinkel einer Seniorin, sowie für mehrfache Durchsicht des Manuskriptes.

Ich danke auch dem Lektor dieses Buchs, Herrn Betriebswirt Kapferer, Chefredakteur in der „Haufe Verlagsgruppe“ für viele Ratschläge und für eine ausgezeichnete Zusammenarbeit.

Einleitung

Warum eine spezielle Strategie der Geldanlage für Senioren? Für Seniorinnen?

In allen meinen Veröffentlichungen habe ich besonders die Tatsache betont, daß es zwar objektiv schlechte Geldanlagen gibt (vor allem wenn man einem Betrüger in die Hände fällt!), aber keine objektiv guten Anlagen! Diese Aussage ist für viele Leser überraschend, weil ihnen doch häufig angeblich so günstige Geldanlagen wärmstens empfohlen werden. Die Erklärung lautet:

Es gibt deswegen keine objektiv guten Geldanlagen, weil die gleiche Geldanlage für den einen Anleger richtig, für den anderen falsch sein kann. Die persönliche Ausgangssituation des Anlegers ist nämlich von ausschlaggebender Bedeutung.

Diese Tatsache habe ich nach dem Urteil der Kritiker überzeugend dargestellt.

Dann kam noch ein Kritiker (meine Frau) und sagte: „Wenn Du die Geldanlage so stark auf die persönliche Ausgangssituation des Anlegers abstellst, dann wird es höchste Zeit, daß Du ein spezielles Buch über die Geldanlage der Senioren schreibst. Denn die Senioren nehmen von Jahr zu Jahr an Zahl zu, und ihr Vermögen wächst fast unaufhaltsam. Außerdem mußt Du an die vielen Witwen denken, die nach dem Tode ihres Mannes in finanziellen Dingen meist hilflos sind. An wen sollen sie sich ratsuchend wenden? Du weißt doch, wie viele schlechte Ratgeber es gibt!“

Mein Verleger war der gleichen Meinung wie meine Frau.

Hier ist das Buch!

Der Titel des Buches heißt: Das Geld in der Welt der Senioren. Ich muß also einiges über die Welt der Senioren sagen. Dabei begebe ich mich auf ein weites Gebiet, über das wissenschaftlich fundierte Aussagen von Psychologen, Ärzten, Sozialforschern usw. usw. vorliegen. Ich selbst bin aber ein Mann der Wirtschaft, spezialisiert auf Fragen der Geldanlage.

Wenn ich also über die Welt der Senioren „philosophiere", behaupte ich nicht, daß alle meine Aussagen wissenschaftlich fundiert sind. Sie sind vielmehr aus meiner, natürlich subjektiven Lebenserfahrung entstanden.

Anders ist es mit dem Hauptteil dieses Buches: Die Geldanlage der Senioren. Diese Ausführungen sind beweisbar, wissenschaftlich abgesichert. Allerdings habe ich mich bemüht, diesen schwierigen Stoff einfach darzustellen, so daß der Leser den Text nicht als „typisch wissenschaftlich" empfinden wird. Das soll er auch nicht. Das Buch soll Lebenshilfe und praktisch anwendbarer Ratgeber sein!

1 Aus der Welt der Senioren

1.1 Wer ist ein Senior, eine Seniorin? 18jährige Senioren? 45jährige Senioren?

Wer oder was ist ein Senior, eine Seniorin? Ich habe nicht den Ehrgeiz, eine wissenschaftlich einwandfreie Bestimmung des Begriffes Senior zu geben. Aber der Leser und ich müssen wissen, was wir meinen, wenn wir von Senioren sprechen.

Zunächst muß ich die Damen, die dieses Buch lesen, bitten, den Begriff „Senioren“ sozusagen als terminus technicus zu betrachten, der die Menschen, Männer und Frauen, gleichermaßen umfaßt. Wir haben genug Probleme zu besprechen und wollen den Text nicht zerquälen, indem wir laufend Senioren/Seniorinnen schreiben. Seien Sie sicher, meine verehrten Damen, daß ich bei „Senioren“ vor allem voller Fürsorge an Sie denke.

Warum? Nach allgemeiner Erfahrung, die ich bestätigen muß, zeigen Frauen, also auch Seniorinnen, weniger Interesse für Fragen der Geldanlage als Männer. Zumindest solange sie einen Partner haben. Das sollte aber nicht so bleiben! Es gehört zur Emanzipation der Frau dazu, daß sie in Fragen der Geldanlage nicht weniger kundig ist als der Mann. Dies vor allem auch deshalb, weil für die Frauen eine große Wahrscheinlichkeit besteht, daß sie sich irgendwann den Fragen der Geldanlage werden zuwenden müssen, weil ihr Partner nicht mehr lebt.

Frauen haben eine höhere Lebenserwartung als Männer, und sie sind zudem meist jünger als ihre Partner. Dieses Buch ist daher für Seniorinnen nicht weniger wichtig als für Senioren.

Und nun zum Alter: Ab wann ist jemand ein Senior? Die sprachliche Erklärung nützt uns nichts. Senioren heißt einfach die Älteren (im Vergleich zu den Jüngeren).

Die berufliche Altersgrenze hilft uns auch nicht viel weiter. Denn es gibt seit einigen Jahren eine flexible Altersgrenze. Sie liegt zwischen dem 58. Lebensjahr und dem 70. Lebensjahr (z.T. Richter und Professoren).

Auch sonst gibt es im gesellschaftlichen Leben Grenzen zum Senior, mit denen wir nichts anfangen können. Beim Schachwettkampf beginnt der Senior mit 18 Jahren! Beim Tennis mit 45 Jahren, der Jungsenior beim Tennis beginnt mit 35 Jahren!

Angesichts dieses Wirrwarrs muß ich speziell für dieses Buch die Grenzen selber setzen. Als Senioren bezeichne ich hier Menschen ab 60 Jahren, insbesondere, wenn sie ihren Hauptberuf nicht mehr voll ausüben. Von 60 bis 70 will ich sie „jüngere Senioren" nennen, über 70 „ältere Senioren".

Senioren in diesem Sinne werden übrigens in Deutschland in wenigen Jahren ein Viertel der Bevölkerung ausmachen! Und sicher die Hälfte der Bürger, die etwas von Geldanlage wissen müssen!

Wenn Sie der Titel dieses Buches „Das Geld in der Welt der Senioren" nicht anspricht, weil Sie sich noch zu jung fühlen: Es geht schneller als Sie denken! Unversehens werden Sie auch ein Senior sein!

1.2 Zur Lebensführung der Senioren

1.2.1 Beschäftigung: Wer rastet – rostet! Stimmt das?

Wer möchte nicht ein hohes Alter erreichen und dabei Frische und Elastizität behalten? Dieser Wunsch kann leicht aus dem Selbsterhaltungstrieb, dem stärksten der angeborenen Instinkte, erklärt werden.

Die Wege zur Erreichung dieses Ziels sind freilich für jeden einzelnen Menschen unterschiedlich!

Mancher braucht dafür Arbeit, mancher Muße!

Der Senior sollte wissen, was für ihn gut ist. Er sollte sich rechtzeitig darauf einstellen. Auch wenn er noch Jungsenior ist und meint, vor lauter Arbeit keine Zeit für solche Überlegungen zu haben. Er könnte es bitter bereuen! Der Lebensabend sollte bereits am Nachmittag geplant und vorbereitet werden!

Für die noch voll aktiven Jungsenioren besteht bei solchen Überlegungen die Gefahr, daß sie aus einer gegenwärtigen Situation der Überlastung und der mangelnden Freizeit die Annehmlichkeiten des Ruhestandes überschätzen. Nicht für alle Senioren und für alle Zeiten kann ein Hobby das Gefühl einer erbrachten Leistung ersetzen!

Dies ist ein Buch über das Geld in der Welt der Senioren. Deshalb hier schon die Bemerkung, daß für denjenigen, der es zu einem Vermögen gebracht hat, die Verwaltung eines Vermögens (seines eigenen oder des von Freunden oder deren Witwen) durchaus eine sinnvolle und befriedigende Tätigkeit sein kann. Der Umgang mit Geld oder Vermögen ist erlernbar.(Hinweis auf Kapitel 2.6).

Viele erhalten sich ihre geistige Frische und körperliche Gesundheit dadurch, daß sie z.B. als sogenannte Freiberufliche, also als Ärzte, Steuerberater, Rechtsanwälte u.ä. ihren alten Beruf weiter ausüben, wenn auch mit langsam geringer werdendem zeitlichen Einsatz. Für den, der die Arbeit braucht, um nicht zu rosten, eine ideale Möglichkeit, vorausgesetzt, daß die Ausübung des Berufes Spaß macht.

Übrigens: Ob Sie sich für Altersberuf, Hobby oder Muße entscheiden, denken Sie an die Auswirkungen auf Ihren Lebenspartner! Auch dessen Tagesablauf wird sich möglicherweise grundlegend ändern, wenn Sie Ihren Beruf aufgeben.

Wie sagte doch die Frau eines Mannes, der vorzeitig und ohne genügend Vorbereitungen in den Ruhestand ging: „Was tu' ich denn mit doppelt so viel Mann zum halben Gehalt?!"

Ein schwieriges Problem besteht für die Menschen, die als Angestellte oder als Beamte von ihrem Beruf nicht lassen wollen, die den Verlust des Arbeitsplatzes nicht oder nur schwer überwinden können. Dies gilt natürlich ganz besonders für diejenigen, bei denen Beruf und Neigung weitgehend zusammenfallen. Sie machen auch selten von der flexiblen Altersgrenze Gebrauch.

Das Problem des Ausscheidens aus einer vielleicht geliebten Tätigkeit kommt für die Betroffenen freilich nicht überraschend wie eine schwere Krankheit oder anderes Unglück. Man sollte daher meinen, daß alle sich rechtzeitig auf diese Zeit vorbereiten und dann diesen letzten Lebensabschnitt entsprechend gestalten können.

Besonders schlimm ist der dran, der sich zum Sklaven seiner Arbeit und deren Überlastungstendenz gemacht hat. Der Beruf ist von entscheidender Bedeutung bei der Entwicklung der Persönlichkeit, aber nicht von ausschließlicher Bedeutung.

Die gereifte Persönlichkeit weiß, daß sich mit dem Beruf allein das Lebenswerk nicht erfüllt. Zur Verwirklichung der Persönlichkeit gehört wesentlich mehr.

Aber was gehört noch dazu? – Das ist natürlich individuell verschieden, weil wir es eben mit unterschiedlichen Persönlichkeiten und unterschiedlichen Lebensschicksalen zu tun haben. Wohl dem, der überhaupt weiß, was zur Verwirklichung seiner Persönlichkeit erforderlich ist.

1.2.2 Ratschläge für die Gesundheit: Die Erkenntnisse der Wissenschaft von heute sind die Irrtümer von morgen!

Von vielen Seiten bekommen insbesondere die Senioren Ratschläge für ein gesundes Leben, wobei sich die Ratschläge nicht selten widersprechen. Ganz schlimm sind die Ratgeber, die sich im Besitz einer neuen Heilslehre wähnen. Folgt man ihren Ratschlägen zur allgemeinen Lebensführung, so führt der Weg zum neuen Leben meist über die Leiche der Lebensfreude!

Schon die Ratschläge unserer Ernährungswissenschaftler sind äußerst problematisch und werden von Zeit zu Zeit widerrufen. Es gibt kaum ein Lebensmittel, das nicht schon in irgendeiner Phase der wissenschaftlichen Entwicklung als Gift für den Körper hingestellt worden wäre.

In Wahrheit gibt es nur eine Diätregel, die mir schon im Elternhaus anerzogen wurde: „Eßt nicht zu viel und achtet auf möglichst viel Abwechslung“. Diese Diätregel ist noch niemals widerlegt worden. Allerdings eignet sie sich nicht für Sensationsmeldungen, wie sie von vielen Journalisten bevorzugt werden (müssen?).

Aber außer falscher Ernährung werden auch andere Ursachen für unseren schlechten Gesundheitszustand angeprangert: So hat man uns doch jahrelang vorgeführt, daß für die häufigsten Todesursachen in den Industrieländern, nämlich Kreislauferkrankungen und Krebs, folgende Ursachen verantwortlich zu machen sind: Falsche Ernährung, zu viele Genuß- und chemische Mittel, Zivilisationsstreß, verunreinigte Luft, unnatürliche Lebensweise, zu wenig Bewegung usw.

Ganz anders als unsere unnatürliche Lebensweise ist die Lebensweise in China. Mehr als 80% der Bevölkerung leben in Großfamilien und sind landwirtschaftlich oder handwerklich tätig mit viel Bewegung und Muskelkraft an der frischen Luft. Die ökologischen Umstände sind hervorragend. Es gibt keinen Streß im hiesigen Sinne, keine überzähligen Kalorien usw. Und welches sind dort nach den vor einigen Jahren zugänglich gewordenen chinesischen Todesstatistiken die häufigsten Todesursachen? Genau wie bei uns: Kreislauferkrankungen und Krebs. Diese Tatsache sollte alle Naturapostel und Ernährungsfetischisten doch stutzig machen!

Also auch Senioren dürfen schlemmen und sollten es tun, wenn sie daran Freude haben und wenn sie nach üppigen Gaumenfreuden schlafen können, denn seit Neuestem stärkt die Freude das Immunsystem!

Über den Schlaf der Senioren sollte auch ein Wort gesagt werden. Dabei will ich als Nicht-Mediziner nicht über allgemeine Schlafstörungen sprechen. Diese interessieren mich als Finanzmann nur, wenn sie darauf zurückzuführen sind, daß Senioren meine Ratschläge zur Geldanlage nicht beachtet haben.

Mir geht es um etwas anderes. Immer wieder liest man – ein Autor schreibt es vom anderen ab –, die Senioren brauchen weniger Schlaf. In Einzelfällen mag das zutreffen, verallgemeinert ist es schlicht falsch.

Senioren brauchen nicht weniger Schlaf, weil sie älter sind. Wenn sie, vor allem ältere Senioren, beruflich stark gefordert werden, kommen sie viel schneller an die Grenze ihrer Belastungsfähigkeit als Jüngere. Und sie brauchen nicht weniger, sondern mehr Schlaf als Jüngere, bis sie wieder leistungsbereit sind.

Im übrigen, wenn Sie die „Nickerchen" zusammenzählen, zu denen ältere Senioren tagsüber fähig sind, kommt allerlei zusammen. Wer tagsüber mehrfach kurz schläft, braucht nachts naturgemäß weniger Schlaf.

Sie brauchen sich also keine Gedanken darüber zu machen, wenn die Behauptung „Senioren brauchen weniger Schlaf" auf Sie nicht zutrifft.

Sicher wird der Schlaf durch sportliche Betätigung gefördert, weswegen zum Sport der Senioren auch noch etwas gesagt werden soll.

Bei den Ratschlägen, die Gesundheit durch sportliche Betätigung zu erhalten oder gar zu bessern, sind die Ärzte vorsichtiger als bei Diätregeln. Ein guter Arzt wird dem Senior, vor allem dem älteren Senior, meist den Rat geben: Den Körper belasten, aber nicht überbelasten. Leider kann der Senior mit einem solchen Rat nicht viel anfangen: Erst hinterher merken Sie nämlich, wenn Sie sich zuviel zugemutet haben.

Am geringsten ist die Gefahr der Überlastung bei einem Sport, den Sie ohne viel Begeisterung betreiben. Aber den werden Sie nicht lange betreiben! Schwimmen ohne Gesellschaft dürfte weniger Spaß machen, als Golf oder Tennis zu spielen.

Ich glaube, herausgefunden zu haben, daß Sport treiben für Sie bekömmlich ist, ja, die Gesundheit fördert, wenn Sie beim Sport und nach dem Sport fröhlich sind. Ist das nicht der Fall, sollten Sie ernstlich prüfen (lassen), ob Sie in Gefahr sind, sich zu übernehmen und dadurch gesundheitlich Schaden zu erleiden.

Wenn ich die Jogger mit tierisch ernstem Gesicht an mir als Spaziergänger vorbeikeuchen sehe, habe ich manchmal Zweifel, ob das Joggen wirklich so gesund ist!

Am wichtigsten scheinen mir die Ratschläge zu sein, die sich auf die geistige Lebensführung beziehen. Da kann man Voltaire zitieren oder Schopenhauer oder Schweitzer. Vielleicht genügt die alte Volksweisheit: Wer rastet – rostet. Oder wie es ein mir befreundeter Arzt ausgedrückt hat: „Die beste Bekämpfung der Arteriosklerose ist noch immer ihre geistige Bekämpfung." Das geistige Training ist die Voraussetzung für die Erfüllung der beruflichen Pflichten bis zum Seniorenalter und gibt eine Chance für die Zeit danach. Dann ist es wichtig, den Geist weiter zu fordern, weiter zu trainieren, intensiv zu beschäftigen.

„Die Phänomene der biologischen Alterung, die Einschränkung der Anpassungsfähigkeit des Organismus ... und selbst die Auswirkungen von Alterskrankheiten können in erstaunlicher Weise über einen langen Zeitraum hinweg durch geistig-seelische Leistungen des Individuums kompensiert ... werden" (Meyers Enzyklopädisches Lexikon, 1971).

Wegweisend für Senioren sollten Voltaires Worte sein, der uns rät, stets eine angemessene Einstellung zu unserer jeweiligen Lebensphase zu haben:

> Qui n'a pas l'esprit de son âge
> N'a de son âge que tout le malheur!

Auf deutsch heißt das etwa: Wer nicht die Vernunft seines Alters hat, der hat nur die Beschwerden davon. Anschauliche Beispiele: Siebzigjährige Frauenhelden und altkluge Jünglinge.

1.3 Die Stellung der Senioren in der Gesellschaft

1.3.1 Schwankendes Urteil über die Rolle der Senioren in der Gesellschaft: Zwischen Ausmerzung und Hochachtung!

Das Urteil über die Senioren hat im Verlauf der Geschichte sehr geschwankt. Wir glauben zu wissen, daß primitive Völker die Arbeitsunfähigen umbrachten. Da Arbeit damals fast nur körperliche Arbeit war, wird die schreckliche Grenze ziemlich niedrig gelegen haben. Wir wissen auf der anderen Seite, daß die Offenbarungsreligionen das Verhältnis zwischen Jung und Alt sehr klar bestimmen, und zwar zu Gunsten der Älteren. So zum Beispiel das vierte Gebot: „Du sollst Deinen Vater und Deine Mutter ehren, auf daß es Dir wohlergehe und Du lange lebest auf Erden".

Daß dieses 4. Gebot nicht ganz frei vom Interessenstandpunkt war, wird noch klarer, wenn man das entsprechende Zitat aus dem Buch Jesus Sirach liest: „Verachte Deine Eltern nicht, denn wir gedenken auch alt zu werden". Hier wird also aus göttlichem Gebot und aus anerkannter Moralvorschrift, ohne daß die Beteiligten es so recht merken, schließlich etwas wie eine praktische Versicherung des eigenen Alters. (Auch eine Art von Leibrente, s. Kap. 2.2.13!)

Eine besonders große Verehrung des Alters finden wir heute noch in China. Bei offiziellen Anlässen erkundigt man sich dort meist als erstes nach dem „ruhmreichen" Alter des Gesprächspartners. Wenn der Gefragte beschämt zugeben muß, er sei erst 35 oder 40 Jahre, wird er mit dem Hinweis getröstet, daß er sicher noch eine ruhmreiche Zukunft vor sich habe und eines Tages auch alt sein werde. Die Begeisterung wächst mit der Zahl der Jahre. Kann einer ein Alter über 60 oder über 70 Jahre vorweisen, so senkt der Fragesteller ehrfürchtig und bescheiden die Stimme.

Im Deutschland der 90er Jahre ist das Ansehen der Senioren groß, solange sie noch ihren Hauptberuf ausüben. Die noch berufstätigen jüngeren Senioren haben unzweifelhaft oft einen großen Einfluß auf das gesellschaftliche und wirtschaftliche Leben. Arbeiten sie in Führungspositionen, so stehen sie häufig im Zenit der Macht und des Einflusses. Und sie sind der festen Überzeugung, daß das so richtig ist.

Sie besitzen eine Unmenge von Wissen als Voraussetzung für Berufsbefähigung und Lebenstüchtigkeit. Heute kann sich ein intelligenter und fleißiger Mensch das Wissen seiner Zeit in seinem Arbeitsbereich bis etwa zum 35. Lebensjahr aneignen. Wie aber lernt man Menschenkenntnis und Diplomatie, allgemeine Lebensorientierung und die 1000 Tips und Tricks, die man so nötig braucht? Offenbar kann man doch nicht alles aus Büchern lernen!

Durch all die langen Jahre hat den Senioren die Summe ihrer Fehlschläge und Fehltritte neben unzähligen Aha-Erlebnissen einen Schatz von Erfahrung eingetragen, auf dem vor allem ihr Selbstbewußtsein basiert. So schmerzlich ihr Lernprozeß manchmal auch war, es bildete sich ein Machtpotential, das sie den Jüngeren voraus haben.

Einfluß und Ansehen werden sicher auch verstärkt durch ein großes Netz von persönlichen Beziehungen, die während langer Jahre geknüpft wurden. Bei diesen Beziehungen spielt der Einfluß des Geldes eine bedeutende Rolle. Es muß keineswegs eigenes Geld sein. Das Verfügungsrecht über Geld gewährt fast den gleichen Einfluß wie eigenes Geld.

Wenn der Einfluß der jüngeren Senioren so fest verankert ist, wie wird verhindert, daß sich eine Gerontokratie, eine Herrschaft der Greise, entwickelt? Die Zauberformel, die das (fast immer) verhindert, heißt: Berufliche Altersgrenze.

1.3.2 Die berufliche Altersgrenze: Viele Senioren treten ungern ab!

Die Frage, welche Altersgrenzen für welche Berufe am geeignetsten sind, läßt sich in dieser allgemein gehaltenen Form kaum beantworten. Verhältnismäßig einfach ist die Antwort für den Fußballprofi. Für andere Berufe ist die Antwort schwieriger.

Der größeren Erfahrung der Älteren steht die unbestritten größere Lernfähigkeit der Jüngeren gegenüber. Als Beispiel dafür wird meist auf die Fremdsprachen hingewiesen, die man mit 20 schneller lernt als mit 60 oder gar 70. Ein neueres und noch viel überzeugenderes Beispiel ist die elektronische Datenverarbeitung, überhaupt jede technische Neuerung, und zwar deren Beherrschung, nicht nur das Reden darüber.

Aus der Menschheitsgeschichte kann man mit vielen Beispielen belegen, daß die Fähigkeit und – oder der Wille, sich ständig weiterzuentwickeln, im Alter nachläßt und schließlich versiegt. Die Folge sind Starrheit, Müdigkeit – eben das Alter. „Kreativität, Mobilität, Risikobereitschaft und Erfindungsreichtum fallen Jüngeren leichter“ (Arend Oetker).

Je nachdem, wie man Wissen und Erfahrung einerseits und Lernfähigkeit und Belastbarkeit andererseits gewichtet, wird entschieden werden müssen, ob es für einen Senior Zeit ist, abzutreten.

Für den Betroffenen ist das oft sehr schlimm, für die Umwelt mitunter recht peinlich, darum ist eine wenn auch eigentlich willkürlich festgesetzte Altersgrenze doch eine nützliche Einrichtung, so wenig passend sie im Einzelfall erscheinen mag.

Was ein freiwilliges vorzeitiges Ausscheiden aus dem Beruf anbelangt, kann ich bei Gesprächen mit Betroffenen immer nur feststellen: Je höher die soziale Stellung und je mehr sich der Zeitpunkt eines möglichen vorgezogenen Ruhestandes nähert, um so energischer wird er hinausgeschoben. Dafür gibt es tausend Gründe und Vorwände. Es hat auch kaum jemand den Gedanken gern, daß ein anderer seine Position genauso oder vielleicht besser ausfüllen könnte als er selbst.

Mit der Behauptung, daß kein geeigneter Nachfolger zu finden sei, wird gar nicht so selten die ungeliebte berufliche Altersgrenze hinausgeschoben.

1.4 Die Bedeutung des Geldes für Senioren

1.4.1 Vom Nutzen des Geldes: Es kommt auf die Lebensumstände an!

Das Geld ist eine Maßeinheit. Die DM dient zum Beispiel zum Messen des Wertes von Gütern und Dienstleistungen. Doch anders als bei den anderen Maßeinheiten, wie etwa einem Meter, hat das Geld für verschiedene Menschen eine unterschiedliche Bedeutung, je nachdem, wieviel man davon hat – oder nicht hat.

Erste Stufe: Das Geld reicht, aber man kann „keine großen Sprünge machen".

Zweite Stufe: Man ist finanziell beweglich, kann sich also in einem bestimmten Rahmen „etwas leisten".

Dritte Stufe: Man ist finanziell unabhängig. Dazu gehört schon soviel Geld (oder Renten, Pensionen oder Vermögenserträge), daß man nicht des Geldes wegen arbeiten muß und trotzdem finanziell beweglich ist.

Vierte Stufe: Man hat soviel Geld, daß man damit Macht ausüben kann. Zum Beispiel in der Weise, daß man für sich selbst keine Altersgrenze anerkennt.

Solange Sie nicht von einer Stufe zur anderen wechseln, ist es ziemlich egal, ob Sie 20% mehr oder weniger haben.

Natürlich kann man auch eine andere Einteilung wählen. Mir liegt zunächst einmal nur daran, darauf aufmerksam zu machen, wie sehr der Nutzen des Geldes von der Menge abhängt, die man zur Verfügung hat.

Der Nutzen des Geldes hängt weiter von den Lebensumständen des Besitzers ab. Wenn das so ist, dann muß die Bedeutung des Geldes für einen Senior anders sein als für einen jüngeren Zeitgenossen.

Wir haben schon darüber gesprochen, daß das Geld eine Stütze der gesellschaftlichen Macht der Senioren ist oder sein kann.

Das Geld erleichtert zweifellos auch das Ertragen mancher Beschwernisse des Alters.

Seit die Menschheit begonnen hat, über sich selbst nachzudenken, hat sie über die Unterschiede der einzelnen Lebensalter philosophiert. Ausgangspunkt der Betrachtungen waren früher vor allem die Beschwerden des Alters und das Bedürfnis, hierfür Trost zu finden. Von Anacreon, dem Dichter der Lieder der Lebensfreude, sind uns aus dem 6. Jahrhundert vor Christi Geburt (!) folgende Verse erhalten:

> Ach, so grau sind schon die Schläfen
> Und der alte Kopf so weiß schon,
> Alle Manneskraft ist vergangen
> Und der Zähne Zaun verfallen,
> Von dem süßen Leben blieb mir
> Nur ein schwaches Restchen übrig.

Der Dichter tröstete sich mit edlem Wein und tanzenden Mädchen. Ich schließe daraus, daß er seine Alterserscheinungen etwas übertrieben hat. Zumindest seine Leber war offenbar noch leistungsfähig.

Da dieses Buch vom Geld in der Welt der Senioren handelt, muß zu dieser schönen Geschichte gesagt werden: Wein und tanzende Mädchen kosten Geld. Wohl dem Senior, der sich das leisten kann.

Der Bedarf an verfügbarem Geld gilt in verstärktem Maße für Krankheit oder gar Pflegebedürftigkeit.

In mancher Hinsicht braucht der ältere Senior also mehr Geld als ein Jüngerer, in mancher Hinsicht sicher auch weniger. Gerade hierbei sind die individuellen Unterschiede groß. Es mag manches geben, was sich ein älterer Senior sein Leben lang gewünscht hat, sich aber nicht leisten konnte. Jetzt kann er es sich leisten, aber der Wunsch ist nicht mehr da.

1.4.2 Gewandelte Einstellung zum Geld: Geld macht wirklich nicht glücklich!

Mit der Entwicklung der Persönlichkeit, vielleicht auch mit dem mutmaßlichen Näherrücken des Todes wandelt sich bei vielen die Einstellung zum Gelde.

Die mittlere Lebenserwartung eines 65jährigen Mannes beträgt 12 Jahre, die einer 65jährigen Frau gut 15 Jahre. Ein älterer Senior von 75 Jahren hat noch eine mittlere Lebenserwartung von gut 7 Jahren, eine 75jährige Seniorin noch eine von fast 9 Jahren. Ja selbst ein 80jähriger hat statistisch noch reichlich 5,4 Jahre vor sich, eine 80jährige Frau 6,2 Jahre! Natürlich sagt die mittlere Lebenserwartung nichts über die individuelle Lebensdauer aus. Aber immerhin, der Zeitpunkt des Todes rückt unerbittlich näher. Damit wandelt sich – neben vielem anderen – auch die Bedeutung des Geldes.

Wer noch beruflich aktiv ist und Geld verdient, wird feststellen, daß das Geldverdienen weniger Spaß macht. Ganz klar für denjenigen, der weiß, daß Geld an sich keinen Wert hat. Der weiß, daß Geld erst in Güter und Dienstleistungen umgetauscht werden muß, ehe man etwas davon hat. Wenn aber nun der Bedarf an Gütern und Dienstleistungen gestillt ist?

Auch die Einstellung zum Sparen wird sich zwangsläufig ändern. Sparen wird definiert als Einschränkung des Gegenwartsbedarfs zu Gunsten eines zukünftigen Bedarfs. Wenn es aber fraglich wird, ob man den zukünftigen Bedarf überhaupt noch erlebt, wird man nachdenklich.

Da drängt sich das Wort auf:

„Es ist besser, reich zu leben, als reich zu sterben." (Samuel Johnson)

Leider hindert die Ungewißheit, ob man sein Leben als Pflegefall beschließt (was sehr viel Geld kosten kann), viele wohlhabende Menschen daran, andere, die es nötig brauchen, großzügig zu bedenken. Sei es in der Familie, sei es im Kreise der Bekannten. Das muß man verstehen.

Vielfach ist es aber einfach Geiz, der alte Menschen hindert, sich rechtzeitig von manchen Vermögenswerten zu trennen. Lebt der Geizige in der unbewußten Hoffnung, daß er ewig leben wird?

Wer reiche Senioren und Seniorinnen beraten hat, weiß, daß der Geiz, wenn er einmal im Menschen steckt, ihn niemals verlassen wird. Mit logischen Argumenten können Sie einen geizigen Menschen nicht einmal dann überzeugen, wenn sein Geiz einfach dumm ist. Nämlich dann, wenn sein Geiz ihm sein eigenes (restliches) Leben erschwert.

In solchen Fällen ist es um so wichtiger, den Senior zu überzeugen, daß er nicht nur das Recht, sondern auch die sittliche Verpflichtung hat, wenigstens für den Fall seines Todes für eine sinnvolle Weitergabe des Geldes zu sorgen.

1.4.3 Geld verpflichtet: Sinnvolle Weitergabe von Vermögenswerten an die Erben!

Im Kapitel 2.4.5 „Vermögen vererben" wird noch zu besprechen sein, was man beim Schenken und Vererben beachten muß. Hier soll vor allem die Verpflichtung des Seniors herausgestellt werden, klare Bestimmungen über die Verteilung seines Nachlasses zu treffen.

Derartige klare, möglichst bis ins Einzelne gehende Anordnungen sind im Interesse des Familienfriedens unerläßlich. Erben, Vermächtnisnehmer und Personen, die entgegen ihrer Erwartung leer ausgehen, werden Ihren klar ausgedrückten Willen respektieren, auch innerlich. Aber ohne klare Bestimmungen ist der Streit vorprogrammiert. Meistens wird es ein sehr häßlicher Streit. Und daran sind dann nicht Ihre Kinder und Schwiegerkinder schuld, sondern Sie, der Erblasser. Dann haben Geld und Gut nicht nur keinen Nutzen gebracht, sondern richten bösen Schaden an.

Sollten Sie ein größeres Vermögen haben, dann ist es zweckmäßig, Ihren Kindern oder sonstigen Erben rechtzeitig beizubringen, wie man mit Vermögen umgeht.

Das ist vor allem für junge Leute gar nicht so einfach. Ich habe mehrfach erlebt, daß Millionäre ihre Kinder aus pädagogischen Gründen „sehr kurz gehalten haben“. Als dann die Kinder überraschend früh das Vermögen erbten, bekam das den Kindern schlecht und dem Vermögen auch. Also auch daran sollten Sie denken, wenn Sie ein Vermögen zu vererben haben.

Der Umgang mit Geld und Vermögen ist durchaus erlernbar (siehe Kapitel 2.6). Das Studium des zweiten Teils dieses Buches ist schon ein guter Anfang.

Wer keine Erben oder andere ihm nahestehende Personen hat, sollte ernsthaft überlegen, ob er sein Geld einer gemeinnützigen Stiftung seiner Wahl vermacht. Das ist sicher besser, als wenn, wie vom Gesetz vorgesehen, der Staat erbt.

Natürlich brauchen Sie sich solche Gedanken nur zu machen, wenn Sie etwas zu vererben haben. Das wird nur dann der Fall sein, wenn Sie wirtschaftlich nicht ohne Erfolg waren und wenn Sie die nun folgenden Ratschläge für die Geldanlage der Senioren befolgen. Dafür ist es nie zu spät.

2 Die Geldanlage der Senioren: Alter schützt vor Torheit nicht!

Ein Beispiel, wie man es nicht machen sollte:

Es war einmal ein reicher Witwer, der hatte vier Söhne.

Als die Kinder aus dem Haus gingen, freute er sich auf ein geruhsames Älterwerden, aber die Kinder behelligten ihn oft mit ihren Wünschen, die er meist nicht so gut fand, weil die Kinder von ihm das nötige Geld dafür haben wollten.

Mit der Zeit war er der Sache so überdrüssig, daß er seinem Freund davon erzählte. Bei einer guten Flasche Rotwein dachten sie sich einen Plan aus. Der Freund, ein Ingenieur, meinte, man müsse doch ausrechnen können, was man zum Leben braucht, und das übrige könnte man an die Kinder verteilen. „Dann hast Du nichts mehr und brauchst Dir nichts mehr anzuhören. Und wer Dich dann besuchen kommt, der meint wirklich Dich und nicht Dein Geld.“

Das ging dem reichen Mann oft im Kopf herum, denn der Gedanke gefiel ihm sehr.

Eines Tages wurde er krank. Er mußte operiert werden, und als er entlassen wurde, fragte er den Arzt, wie lange er wohl noch zu leben hätte. Der Arzt meinte, in seinem Alter sei die durchschnittliche Lebenserwartung noch etwa 8 Jahre, nach dieser schweren Krankheit aber würde es wohl nicht mehr soweit reichen. Vier Jahre gäbe er ihm noch.

Als der Mann dann abends wieder mit seinem Freund beim roten Wein saß, erzählte er ihm davon. „Ja nun“, sagte der Freund, „da haben wir ja die fehlende Größe, alles andere läßt sich berechnen“.

Und sie stellten alles zusammen, was man, und speziell der reiche Mann, wohl in vier Jahren an Bedürfnissen und Wünschen haben würde. Die Mahlzeiten, die Kleidung, die Wohnung, Clubbeiträge, die Zeitungen, Bücher, Journale, Seife, Rasiercreme, Papier aller Art, Wäscherei, Wein, Rauchwaren. Es machte ihnen Spaß, und sie gingen mit technischer Akribie daran, alles mit Menge und Preis auf eine lange Liste zu setzen. Es war ein sehr anregender Abend.

Einige Zeit später war der Mann wieder mit den Wünschen seiner Schwiegertochter befaßt, die weit über deren Verhältnisse gingen. Er war es so leid, daß er die Liste aus dem Schreibtisch holte und mit ungeahnter Energie daran ging, sie in die Wirklichkeit umzusetzen.

Er vereinbarte in einem Restaurant ein Essenabonnement für vier Jahre, Frühstück, Mittag- und Abendessen. Er kaufte Kleidung, Bücher, Seife und Papier, Wein und Tabak, abonnierte Journale für 4 Jahre und was sonst noch auf der Liste stand. Dann zweigte er ein monatliches Taschengeld ab und ließ den Rest, sein gesamtes Vermögen, zu gleichen Teilen auf die Konten seiner Kinder überweisen.

Danach war ihm so wohl wie lange nicht mehr. Er fühlte sich so unbeschwert. Keine Anrufe mehr von der Bank, wie er über freiwerdende Beträge verfügen wolle, keine Post mehr, die bearbeitet werden mußte, auch keine Bittbesuche seiner Kinder. „Reichtum ist doch eine große Last!“ gestand er seinem Freund abends beim roten Wein. „Jetzt bin ich wirklich frei, frei!!“

Er genoß jeden Tag wie ein Geschenk, hatte Zeit für gute Gespräche, las viel und musizierte, spielte Schach, Boccia und Golf, und er erfreute sich angenehmer Frische.

Am Ende des dritten Jahres, als er sich so im Spiegel besah, kam ihm der Gedanke, daß sich ja seine Gesundheit nicht verschlechtert, sondern in ungeahntem Ausmaß gebessert hatte. Als er deshalb seinen Arzt aufsuchte, sagte ihm dieser nach eingehender Untersuchung: „Mein lieber Mann, ich habe selten einen so kerngesunden, jugendlichen Alten gesehen. Wenn Sie die hundert erreichen, werde ich mich nicht wundern!“

O weh, was nun?

Der Mann hätte sich doch eine schöne Leibrente kaufen können mit den gleichen Vorteilen, aber mit Leistungen, solange er lebt. Mit einer Leibrente hätte er getrost hundert Jahre und älter werden können, ohne an seinem Lebensstandard Abstriche machen zu müssen!

2.1 Allgemeine Anforderungen der Senioren an die Anlageformen: Andere Schwerpunkte als bei Jüngeren!

2.1.1 Reale Substanzerhaltung: Trau, schau, wem! Sicherheit vor Verlust und vor schleichender Geldentwertung

Hört man sich einmal in Ruhe an, wodurch die Mitmenschen, wenn sie es überhaupt erzählen, Vermögensverluste erlitten haben, so lassen sich praktisch alle Verluste auf vier seit Jahrhunderten bekannte Risiken zurückführen.

Die Sicherheit einer Anlage ist von vielen Seiten ständig bedroht. Es gilt zu beachten:

- Das Bonitätsrisiko.
- Das Marktrisiko.
- Das Geldwertrisiko.
- Das politische Risiko.

2.1.1.1 Bonitätsrisiko

Diejenigen Personen oder Institutionen, denen man sein Geld anvertraut, müssen wirtschaftlich gesund und vertrauenswürdig sein. Eine banale Aussage. Aber die Erfahrung lehrt, daß immer wieder Anleger ihre Ersparnisse Firmen oder Personen zur Verfügung stellen, die sich nachträglich als Schwindler herausstellen oder als Unternehmen bzw. Unternehmer, deren Geschäftsführung fachlich oder charakterlich nicht den hohen Anforderungen einer guten Vermögensanlage entspricht.

Das Schlimme beim Bonitätsrisiko ist, daß es oft gerade da eintritt, wo man es am wenigsten vermutet hat. Wer hätte je gedacht, daß die Bremer Treuhand insolvent werden würde? Daß sie ihre Vermietungsobjekte schlecht kalkuliert hatte? Daß sie sogar als Verwalter treuhänderisch vereinnahmte Mieten nicht ordnungsgemäß vom eigenen Vermögen trennte, so daß Mieterträge, die den Wohnungseigentümern zustanden, mit in den Strudel der Bremer Treuhand gerissen wurden?

Wer hätte je gedacht, daß die Neue Heimat, hinter der die allmächtige Gewerkschaftsorganisation stand, ins Wanken geraten könnte (um es ganz milde auszudrücken!)?

Das Bonitätsrisiko ist für den Senior nicht weniger wichtig als für jüngere Anleger.

2.1.1.2 Marktrisiko

Es darf nie vergessen werden, daß ein Grundstück oder ein Gebäude nicht nur an Wert gewinnen, sondern auch verlieren kann. Die Entwicklung auf den Immobilienmärkten in den vergangenen Jahren hat das deutlich gezeigt.

Aber es gibt auch ganz andere Ursachen, die zu einem Verfall der Preise führen können. Wer konnte ahnen, daß durch eine Erfindung der Ford-Werke Platin plötzlich nicht mehr für Auto-Katalysatoren gebraucht werden würde?

Wer hat den Aktiencrash vom Oktober 1987 vorhergesagt? Wer ahnt, wann die japanische Börse noch einmal kippt?

Wer hat vorhergesagt, daß in den Jahren 1989/1990 die deutschen festverzinslichen Werte durch den Zinsanstieg so viel an Wert verlieren würden! Verluste, die den Zinsertrag von 1-2 Jahren glatt verzehren? (Wobei man außerdem noch Steuern auf die Zinsen zahlen muß, die Wertverluste durch Kursrückgänge aber nicht absetzen kann!!)

Der gut gemeinte Rat, man sollte bei niedrigen Preisen kaufen und bei hohen Preisen verkaufen, bringt nicht viel. Wann ist ein Preis hoch? Wann niedrig? Etwa, weil der Preis früher höher war? Es ist keineswegs sicher, daß er wieder steigen wird. Und vor allem nicht, wann.

Wie das Bonitätsrisiko ist auch das Marktrisiko für den Senior von gleich großer Bedeutung wie für den jüngeren Anleger.

2.1.1.3 Geldwertrisiko

Das Risiko der Geldentwertung, und zwar der schleichenden Geldentwertung, das uns mit den hohen Geldentwertungsraten in den 70er Jahren durchaus bekannt war, muß seit Ende der 80er Jahre wieder in unser Bewußtsein gerufen werden. Gegenwärtig (Mitte 1990) sind in der Bundesrepublik Deutschland die Geldentwertungsraten noch nicht so hoch. Aber man muß fürchten, daß sie wieder ansteigen.

Unsere Bundesrepublik Deutschland ist „Stabilitäts-Weltmeister" (Frankfurter Allgemeine Zeitung). Dennoch sind auch bei uns die Preise Jahr für Jahr im Durchschnitt um 3% gestiegen. Das bedeutet, daß die Kaufkraft einer DM von 1950 an bis zum Jahre 1990 auf 30 Pfennige geschrumpft ist!!

Ich habe deshalb in der Übersicht auf Seite 40 dargestellt, wie sich in dieser Zeit die reale Substanzerhaltung eines Vermögens entwickelt hat, je nachdem, ob der Anleger eine subjektive Rentabilität (siehe Kapitel 2.1.2) von 3,5% oder von 6% pro Jahr erzielt hat. Dabei muß man sich darüber im klaren sein, daß schon eine subjektive Rentabilität von 3,5% ein sehr gutes Ergebnis ist. Denn Sie müssen berücksichtigen, daß der Anleger wegen der Notwendigkeit einer ausreichenden Streuung auch Anlagen haben sollte, die über Jahre weder Wertsteigerungen bringen noch Erträge abwerfen.

Gegenüberstellung der nominalen und der realen Entwicklung eines Vermögens von 1950 an bis 1990

Vermögen	Subjektive Rentabiliät	
	3,5%	6%
1950 nominal	100	100
real	100	100
1960 nominal	141	179
real (× 0,91)	128	163
1970 nominal	200	321
real (× 0,64)	128	205
1980 nominal	281	574
real (× 0,39)	110 (!!)	224
1990 nominal	396	1029
real (× 0,30 geschätzt)	119	309

Erläuterung

Entwicklung der nominalen Werte entsprechend der üblichen Aufzinsung. Die realen Werte berücksichtigen den Rückgang der Kaufkraft der DM. Da z. B. von 1950 an bis 1960 die Kaufkraft der DM auf 91 Pfennige gesunken ist, muß man den nominalen Wert von 1960 mit 0,91 multiplizieren, um den realen Wert 1960 zu erhalten.

Was bedeuten diese Zahlen, die Sie sich gar nicht oft genug ansehen können?

Bei einer Rentabilität nach Steuern von 3,5% war also in dem Zeitraum von 1950 bis 1960 noch eine echte Vermögensvermehrung möglich, nämlich um 28% in 10 Jahren! In dem Zeitraum 1960 bis 1970 blieb das Vermögen konstant. Von 1970 bis 1980 verringerte sich das Vermögen um 18 Punkte = rd. 14%! Erst in dem Zeitraum 1980 bis 1990 ist wieder mit einer Zunahme um 9 Punkte = rd. 8% in 10 Jahren zu rechnen.

An diesen wahrlich erschütternden Tatsachen kommt kein Anleger vorbei. Wenn Sie politisch interessiert sind – und als Anleger sollten Sie politisch wachsam sein! –, erinnern Sie sich bitte, welche Regierungskoalitionen in den einzelnen Zeiträumen in der Bundesrepublik Deutschland „am Ruder" waren. Möglicherweise sollten Sie auch jetzt wieder Schlußfolgerungen für Ihre Geldanlage im Jahre 1991 daraus ziehen!

Über das Ausmaß dieser schleichenden Geldentwertung kann man vielleicht diskutieren, aber sie ist auf jeden Fall allgegenwärtig. Daher sind die Gefahren, die der realen Substanzerhaltung des Vermögens (im Gegensatz zur Erhaltung der nominalen Werte!) drohen, beträchtlich. Die Wirkung der Geldentwertung auf viele Vermögensanlagen wird dadurch besonders verstärkt, daß in den meisten Ländern, so auch in der Bundesrepublik Deutschland, die Besteuerung keinerlei Rücksicht auf die Geldentwertung nimmt und die vollen nominalen Erträge der Steuer unterwirft.

Wichtig ist noch der folgende Blick in die Zukunft: Wenn im Zuge des europäischen Einigungsprozesses die DM-Währung durch eine europäische Währung abgelöst werden sollte, wird diese Währung nicht so stabil sein wie die DM, denn Europa muß mehr als ein halbes Dutzend „fußkranke" Länder mit durchschleppen, nämlich Länder, die zur Zeit Geldentwertungsraten zwischen 7,5 und 15% haben.

Für den Senior gilt die folgende Überlegung: Die schleichende Geldentwertung wirkt sich (solange sie nur schleicht!) nur in größeren Zeiträumen aus. Da dem Senior vermutlich aber nicht mehr mehrere Jahrzehnte des Lebens zur Verfügung stehen werden, wird dieses Risiko bei der Geldanlage für ihn nicht an erster Stelle stehen. Anders jedoch sieht es aus, wenn er an seine Erben denkt.

2.1.1.4 Politisches Risiko

Das politische Risiko wird ganz regelmäßig unterschätzt. Unbequeme Gedanken denkt der Mensch nicht gerne.

Das politische Risiko kann im Land des Anlegers liegen oder im Land der Anlage. In beiden Fällen können z. B. Änderungen in der Gesetzgebung oder Beschränkungen des freien internationalen Geldverkehrs die Anlagen treffen. Das politische Risiko kann auch durch Bedrohung von außen entstehen.

Innenpolitisches Risiko

Zum innenpolitischen Risiko gehört immer das Risiko von Änderungen der Gesetzgebung. Sie können sich auf das Steuerrecht, auf Maßnahmen zur Konjunkturlenkung, auf Mietstopp und vieles andere beziehen.

Haben Sie sich schon einmal Gedanken darüber gemacht, wie sich eine denkbare Regierungskoalition der Sozialdemokraten mit den sogenannten Grünen in Bonn auf die Geldanlagen auswirken wird?

Die SPD und natürlich vor allem die Grünen werden allerhand „auf Lager haben“. Wenn man den neuen Programmentwurf der SPD für die Wirtschafts-, Finanz- und Sozialpolitik liest, kann einem nur angst werden. Beschäftigungsprogramme sollen in erster Linie aus der zusätzlichen Belastung nicht investierter Gewinne oder höherer Einkommen finanziert werden. Soll etwa die „Gewinnabgabe“ unseligen Angedenkens wieder aufgewärmt werden? Andererseits sollen Arbeitseinkommen entlastet werden! Schließlich fordert die SPD eine lückenlose Kontrolle der Zinserträge durch Kontrollmitteilungen der Banken usw. an die Finanzämter.

Auch bei der Erbschaftsteuer und bei der Vermögensteuer kann es zu neuen Belastungen kommen, die dann auch noch populär sind, vielleicht auch schon im Wahlkampf versprochen werden.

Alle diese Befürchtungen können schon im Jahre 1990 die deutschen Börsen erheblich belasten. Die Börse nimmt oft zukünftige Entwicklungen vorweg! Deswegen ist es bei größerem Vermögen erforderlich, die Anlagen auch geographisch zu streuen. Darüber mehr im Kapitel 2.1.1.5.

Außenpolitisches Risiko

Was ist aus den Aktien südafrikanischer Goldminen geworden? Auch unabhängig von der Entwicklung des Goldpreises? Offenbar fürchteten manche Anleger einen Umsturz in Südafrika, ggf. mit anschließender Enteignung privater Anleger.

Haben unsere Väter und Großväter nach 1919 Verzinsung und Tilgung der Anleihen des zaristischen Rußlands erlebt?

Und was ist, wenn wieder einmal ein Land nach einem politischen Umsturz es ablehnt, die Schulden aus der Zeit vor dem Umsturz zu bedienen?

Was nützen Ihnen Mieterträge im Ausland, wenn das Geld nicht mehr an Sie überwiesen werden kann?

Aber es kann noch viel schlimmer kommen.

Die Gefährdung von Vermögensanlagen – im schlimmsten Fall durch Krieg oder Besetzung durch fremde Truppen – ist vielleicht noch der älteren Generation bewußt. Unsere jüngeren Mitbürger können sich so etwas überhaupt nicht vorstellen.

Doch auch sie sollten an solche möglichen Verluste denken.

Die Ereignisse in der UdSSR, in den anderen Ostblockstaaten und vor allem in der „Ex"-DDR werden manchen veranlassen, solche Überlegungen für abwegig zu halten. Ich gebe jedoch zu bedenken: So wenig diese Entwicklungen vorhersehbar waren, so wenig sind künftige Entwicklungen vorhersehbar. Der Blick in die Geschichte zeigt uns, daß nach Zeiten des Friedens immer wieder kriegerische Zeiten gekommen sind.

Zumindest für die nächsten Jahre brauchen wir aber nicht mit solchen schrecklichen Ereignissen zu rechnen. Deswegen darf m. E. der ältere Senior bei seinen Anlageüberlegungen das Risiko einer Bedrohung von außen gegenwärtig etwas vernachlässigen, aber nicht vergessen.

Das zuvor besprochene innenpolitische Risiko würde ich jedoch gerade im Hinblick auf die von jedem national denkenden Deutschen ersehnte Wiedervereinigung als verhältnismäßig groß ansehen. Die möglichen Änderungen der Gesetzgebung können für den Geldanleger sehr bedeutsam sein, und sie können sehr schnell erfolgen. Daher wären auch die Senioren voll betroffen.

2.1.1.5 Streuung bei der Geldanlage als Allheilmittel gegen Substanzverluste: Unverzichtbar! Aber teuer und arbeitsintensiv!

Wir haben gesehen, daß jedes Vermögen vielen Gefahren ausgesetzt ist. Wie kann man sich gegen diese Gefahren schützen? Zunächst einmal muß man die Gefahren kennen und analysieren. Das haben wir getan. Dabei haben wir gesehen, daß die Sicherheit einer Anlage von vielen Seiten ständig bedroht ist.

Es gilt zu beachten:

- Das Bonitätsrisiko.
- Das Marktrisiko.
- Das Geldwertrisiko.
- Das politische Risiko.

Gegen diese Risiken gibt es keinen absoluten Schutz. Aber es gibt eine **Minimierung des Risikos** durch Streuung bei der Geldanlage. Wie macht man das?

2.1.1.5.1 Was heißt Streuung und warum Streuung?

Schon im Talmud steht: Laß jeden Mann sein Geld in drei Teile teilen und ein Drittel in Grundbesitz, ein Drittel in Geschäften investieren, und ein Drittel laß ihn als Reserve behalten.

Derart kluge Sprüche finden wir nicht selten. „Nicht alles auf ein Pferd setzen", „nicht alle Eier in ein Körbchen legen". Der Sinn dieser Mahnungen ist klar. Wer sein ganzes Geld auf ein Pferd setzt, ist mittellos, wenn sein Pferd nicht gewinnt. Wer alle Eier in ein Körbchen legt, hat nur noch Rührei, wenn das Körbchen herunterfällt.

Wenn Sie mir sagen, das Körbchen werde schon nicht herunterfallen, kann ich nur mit dem Berliner Volksmund antworten: „Man kann gar nicht so dusselig denken, wie es manchmal kommt."

Wir haben schon von verschiedenen Beispielen von überraschenden Wertverlusten gehört, die ich nicht zu wiederholen brauche. Die Verluste waren zum Teil überhaupt nicht vorstellbar ..... bis sie eintraten.

Allerdings besteht der Preis für die Risikostreuung darin, daß Ihre Gewinne sich auch in Grenzen halten werden, weil Sie eben nur einen Teil Ihres Vermögens dort angelegt haben, wo vielleicht gerade größere Gewinne anfallen.

Wenn Sie, weil Sie ein risikofreudiger Mensch sind, (meistens sind Senioren weniger risikofreudig) die Regeln der Streuung mißachten, dann ist das Ihr Problem. Aber tun Sie sich nicht leid, wenn Sie sehr viel, vielleicht Ihr ganzes erspartes Geld verlieren!

Im übrigen finde ich die Streuung auch aus dem Grunde gut, daß Sie nicht völlig leer ausgehen, wenn irgendwo größere Gewinne anfallen. Da möchte man schließlich gerne teilhaben!

Nehmen wir an, Sie hätten Ihr Geld wie folgt angelegt:

30% Immobilien

30% Festverzinsliche

20% Aktien

20% Gold

Wenn sich das Gold nun um 50% verteuert, haben Sie immerhin einen (steuerfreien) Zuwachs Ihres gesamten Vermögens von 10%. Steigen die Aktien um 30%, haben Sie immerhin einen (steuerfreien!) Vermögenszuwachs von rund 6%. Waren Sie dagegen nur in Immobilien engagiert, hätten Sie in beiden Fällen nichts gewonnen.

Natürlich genügt nicht die Streuung innerhalb einer Anlageform, z. B. innerhalb der Aktien. Ein guter deutscher Aktienfonds führt die Streuung von sich aus durch, aber eben nur in der Anlageform Aktien. Das genügt für Sie nicht. Sie dürfen dem oder den Aktienfonds nur soviel Geld anvertrauen, wie es für Sie in der Anlageform Aktien richtig ist.

2.1.1.5.2 Arten der Streuung

Es gibt vier verschiedene Arten von Streuung, die je nach Einzelfall Berücksichtigung verdienen:

1. Streuung nach Anlageformen (z.B. Immobilien, Gold, Aktien, Festverzinsliche)
2. Streuung nach Währungen (z.B. DM, Schweizer Franken, US-Dollar)
3. Streuung nach Treuhändern, Depotverwaltern
4. Streuung nach Zugriffsmöglichkeit (In welchen Ländern kann ich über meine Anlage verfügen? Diese Streuung ist nicht identisch mit der Streuung nach Währungen!).

Sinn und Zweck der ersten zwei Arten der Streuung sind leicht einzusehen. Die dritte Art der Streuung meint folgendes:

Legen Sie bei ein und derselben Institution (Bank, Fondsgesellschaft u.a.) nicht mehr als 30% Ihres Vermögens an. Selbst wenn das unter dem Gesichtspunkt der Streuung nach Anlageformen noch zulässig wäre, weil eine Fondsgesellschaft verschiedene Fonds für Aktien, Festverzinsliche und Immobilien managt (In der Bundesrepublik Deutschland werden Sie in den meisten Fällen recht haben, wenn Sie diesen Rat als übervorsichtig ansehen).

Zur Streuung nach Zugriffsmöglichkeit noch folgende Bemerkung, die hoffentlich durch die politische Entwicklung der Jahre 1989/1990 überholt ist: Was nützt Ihnen ein Vermögen in der Bundesrepublik Deutschland, gut gestreut nach Anlageformen, Währungen und Depotverwaltern, wenn Sie Deutschland aus politischen Gründen verlassen müssen? In einem solchen – hoffentlich nur noch theoretisch denkbaren – Fall helfen Ihnen nur solche Vermögensanlagen, auf die Sie dort eine Zugriffsmöglichkeit haben, wo Sie sich aufhalten.

Alle Arten von Streuung können – ggf. müssen – miteinander verbunden werden. Das Gebot der Streuung klingt so einfach und ist doch – wie die Erfahrung zeigt – so schwer durchzuführen. Erkenntnis und Handeln sind zweierlei!

Da hört man nun von einer „erstklassigen“, hochrentablen und sicheren Anlage, und soll trotzdem nur mit 10% oder 15% seiner Ersparnisse einsteigen? Das lohnt doch gar nicht. Und dennoch: Der Verstoß gegen das Gebot der Streuung gehört zu den „Todsünden“ bei der Geldanlage.

2.1.1.5.3 Nachteile der Streuung, besonders für Senioren

Gegen den Gedanken der Streuung wird vorgebracht, daß die Streuung nach Anlageformen den Anleger in Sicherheit wiege und ihn hindere, die „unbedingte Notwendigkeit rechtzeitiger Umschichtung der Vermögensanlagen durchzuführen“ (Bihr, Gerlach u. a.). Ich halte diese Argumentation nicht für überzeugend. Sie beruht auf dem Irrglauben, daß man den richtigen Zeitpunkt für Geldanlagen mit leidlicher Sicherheit erkennen könnte. Das ist aber nur in Ausnahmefällen möglich. Ganz abgesehen davon, daß jede Umschichtung Geld kostet, und zwar nicht wenig! Erst danach beginnt ein eventueller Gewinn!

Aber die Streuung bringt auch echte Nachteile mit sich, über die sich vor allem ältere Senioren klar sein müssen.

Durch die Streuung wird die Verwaltung Ihres Vermögens arbeitsintensiver und ggf. auch teurer. Das zeigt sich deutlich bei der geographischen Streuung, also nach Ländern. Da muß der Anleger sich kundig machen und auf dem laufenden bleiben bezüglich der rechtlichen (auch steuerrechtlichen) Verhältnisse im Lande der Anlage. Es kann da böse Überraschungen geben. Übrigens nicht nur in weit entfernten Ländern. Immobilienbesitzer in Spanien oder Erben in Österreich haben da ihre Erfahrungen gemacht!

Ihr Vermögen sollte so organisiert sein, daß Sie die Verwaltung nicht als Belastung empfinden. Nicht jetzt und mutmaßlich auch nicht in 5 Jahren. Sonst ist es Zeit, den Vermögensaufbau zu ändern, auch wenn Sie dann bei der Streuung Abstriche machen müssen.

Andernfalls brauchen Sie Hilfe, und die kostet Geld. Es ist auch gar nicht so leicht, einen vertrauenswürdigen Helfer zu finden.

2.1.2 Subjektive Rentabilität: Das Finanzamt nicht vergessen!

Die Rentabilität einer Anlage errechnet sich wie folgt:

$$\frac{\text{Ertrag} \times 100}{\text{Kaufpreis}} = \text{Rentabilität in \%}$$

Dabei ist zu beachten, daß der Kaufpreis zumindest um die beim Kauf entstehenden **Nebenkosten** zu erhöhen ist, bei kurz- und mittelfristigen Anlagen auch um die beim Verkauf entstehenden Spesen. Weiter ist zu bedenken, daß auch das Halten einer Anlage Kosten verursachen kann, z. B. Grundsteuer oder Depotgebühren und Inkassoprovisionen der Banken, um die der Ertrag zu kürzen ist.

Diese Rechnung ergibt die objektive Rentabilität. Diese objektive Rentabilität ist aber nicht das eigentlich Interessante, vielmehr ist dies die **subjektive** (= persönliche) Rentabilität. Das heißt, es muß bei jedem Anleger, der seinen Steuerpflichten nachkommt, die auf ihn zukommende **Steuer** abgezogen werden.

Die Besteuerung ist für jede Vermögenslage heute **von größter Bedeutung.** Dies gilt sowohl für die Besteuerung der Substanz (gegebenenfalls müssen Grundsteuer und Vermögensteuer aus den Erträgen gedeckt werden) als auch für die Besteuerung der Erträge.

In der Praxis ist es so, daß der wenig verdienende Kleinanleger die subjektive Rentabilität vernachlässigen kann, weil die Besteuerung keine so große Rolle spielt. Doch schon bei einem mittleren Einkommen ist die Besteuerung von großer Bedeutung für die Anlageentscheidung.

In der Bundesrepublik Deutschland sah bei einem Junggesellen mit einem Einkommen von jährlich 50 000 DM im Herbst 1980 die Rechnung wie folgt aus:

Anleihezins	8,0%
40% Einkommen-, Kirchen- und Vermögensteuer	./. 3,2%
subjektive Rentabilität	4,8%
Geldentwertung	./. 5,2%
jährlicher Verlust(!)	– 0,4%

Im Sommer 1990 sah die Rechnung so aus:

Anleihezins	8,4%
33% Einkommen-, Kirchen- und Vermögensteuer	./. 2,8%
subjektive Rentabilität	5,6%
Geldentwertung	./. 2,6%
jährlicher Gewinn	+ 3,0%

Das ist im Vergleich zu Herbst 1980 ein beachtlich gutes Ergebnis. Wie die Rechnung am Ende der neunziger Jahre aussehen wird, hängt vor allem von finanzpolitischen Faktoren wie der Besteuerung und der Geldentwertung ab. Nach bisherigen Erfahrungen pendeln sich auf längere Sicht die langfristigen Zinsen auf einem Niveau ein, das etwa 3% über der Geldentwertungsrate liegt. Aber der volle Nominalertrag muß versteuert werden. Bei höheren Einkommen ist die Lage wegen der progressiven Besteuerung natürlich ungünstiger, als in den obigen Beispielen gezeigt.

Daß in den Jahren 89/90 die Freude an der guten Rentabilität der Festverzinslichen erheblich durch große Kursrückgänge getrübt wurde (Marktrisiko Kapitel 2.1.1.2), sei noch einmal wiederholt!

Bei Aktien ist die subjektive Rentabilität manchmal so ungünstig, daß nach Berücksichtigung der Vermögensteuer (die nicht auf den Nominalwert, sondern auf den Kurswert berechnet wird) überhaupt kein Ertrag mehr übrigbleibt. Dann kann die Geldentwertung nur durch Kurssteigerungen kompensiert werden. Eine Garantie dafür gibt es nicht.

Leider ist es oft nicht leicht, die steuerlichen Folgen einer Anlage zu überblicken. Viele Anleger wissen auch nicht, daß den versprochenen großen steuerlichen Vorteilen bei Beteiligungen an bestimmten Projekten (hohe Abschreibungen) später erhebliche Nachteile gegenüberstehen können. Es muß genau gerechnet werden!

Wenn der Staat steuerliche Vorteile anbietet, so tut er das mit Absicht (weil die Projekte ohne Anreiz wirtschaftlich nicht interessant sind). Das sollte zu denken geben! Oder aber es handelt sich um „Lücken“ in der steuerlichen Gesetzgebung, deren Schließung meist nicht lange auf sich warten läßt.

Die Besteuerung macht steuerfreie „Spekulationsgewinne“ bei Grundstücken und Aktien (Fristen beachten!) besonders begehrenswert. Voraussetzung für solche Gewinne ist aber, daß die Erwartungen auf Wertsteigerungen auch eintreten und daß man sich rechtzeitig entschließt, Gewinne durch Verkäufe „mitzunehmen“.

Weniger aufregend, aber interessant für den hochbesteuerten Anleger könnten dagegen steuerfreie Zinsen sein. Auch steuerfreie Ausschüttungen von (geschlossenen) Grundstücksfonds, wenn kein Bonitätsrisiko besteht! Es gibt diese und andere Möglichkeiten, die Steuerlast legal zu mindern. Aber diese Möglichkeiten sind meistens nicht so spektakulär und werden daher durch die Werbung für Anlagen mit „Verlustzuweisungen“ leicht an den Rand gedrängt (Hinweis auf Kapitel 2.2.6 „Vorbemerkung zu Steuersparanlagen“).

2.1.3 Liquidierbarkeit: Kassensturz muß (teilweise) möglich sein!

Bei jeder Anlageentscheidung sollte eine Vorfrage beantwortet werden: Sind in den nächsten Jahren beim Senior selbst oder bei seinen Kindern größere Ausgaben zu erwarten (z.B. Aussteuer, Existenzgründung oder Erwerb eines Einfamilienhauses), die aus dem Vermögen bestritten werden müssen? Wie hoch sind sie voraussichtlich?

Diese Frage ist deshalb von so großer Bedeutung, weil die bald benötigten Mittel für eine längerfristige Anlage nicht in Frage kommen. Es ist also sicher falsch, dieses Geld zum Erwerb von Aktienfonds zu benutzen, weil die Ankaufsspesen eine kurzfristige Anlage viel zu sehr belasten. Außerdem würde eine solche an sich schon risikobehaftete Anlage durch Befristung besonders gefährdet, da eventuell verkauft werden muß, wenn an der Börse gerade schlechtes Wetter herrscht.

Mangelnde Liquidität kann Geld oder den Kragen kosten! Zumindest hohe Zinsen für die Beleihung. Die Kosten der Liquidierung einer Anlage sind oft beträchtlich. Was bringt eine noch so schöne Briefmarkensammlung, wenn man sie schnell verkaufen muß?

Auch bei der Vermögensanlage auf längere Dauer ist die Liquidierbarkeit wichtiger, als allgemein angenommen wird. Die manchmal – vor allem bei wachsendem Vermögen – von Zeit zu Zeit nötige Umschichtung (z.B. auch weil sich die persönliche oder wirtschaftliche Situation geändert hat) sollte Veranlassung geben, schon bei der Anlage daran zu denken, wie man sich wieder von ihr lösen kann.

Bei allen Überlegungen sollte nicht vergessen werden, daß ein Vermögen – mit Ausnahme von Kunstwerken, Schmuck und vom selbstgenutzten Eigenheim – keinen unmittelbaren Gebrauchswert hat. Die Vermögensanlage muß erst zu Geld gemacht werden. Das Geld muß dann erst wieder in Güter und Dienstleistungen verwandelt werden, ehe es dem Gebrauch oder Verbrauch dienen kann.

Gerade auch bezüglich der Liquidierbarkeit von Geldanlagen gibt es hohle Versprechungen: Wenn etwa in dem Prospekt eines geschlossenen Grundstücksfonds die weiche Formulierung steht: „Bei einem beabsichtigten Verkauf Ihres Anteils wird Sie die Verwaltung des Fonds unterstützen“, so haben Sie damit keinerlei Gewähr dafür, daß Ihr Anteil überhaupt verkäuflich ist.

2.1.4 Verwaltbarkeit: Vermögensverwaltung kann sehr lästig sein, besonders für ältere Senioren!

Die „Verwaltbarkeit“ von Vermögensanlagen ist wichtiger als gemeinhin angenommen wird. Das ist am deutlichsten bei Mietwohnhäusern zu erkennen, zeigt sich aber auch beim Kauf einer größeren Anzahl verschiedener Aktien. Die laufende Verfolgung der Nachrichten von der Börse ist für den, der dies nicht als Hobby betreibt, ausgesprochen lästig. Andererseits kann man es sich keinesfalls leisten, sich überhaupt nicht um Aktien zu kümmern, es sei denn, man beauftragt eine Bank mit der Depotbetreuung, die über die übliche Depotverwaltung hinausgeht. Das kostet natürlich zusätzlich Geld, wodurch die Rendite sinkt.

Bei der Verwaltbarkeit ist auch an die Praxis der Besteuerung zu erinnern. Eine Fülle verschiedenartiger Vermögensanlagen kompliziert die Steuererklärung und macht beispielsweise Anträge auf Steuerrückerstattung bei ausländischen Staaten erforderlich.

Hier soll natürlich nicht (im Gegensatz zu der Forderung auf angemessene Risikoverteilung) etwa dazu geraten werden, auf eine Streuung der Vermögensanlagen zu verzichten. Man muß sich nur darüber im klaren sein, daß für die Verwaltung eines Vermögens neben Sachkunde auch Zeit und/oder Geld (Verwalter, Berater) zur Verfügung stehen müssen. Streuung darf auch nicht zur Zersplitterung führen. Auch bei kleineren Vermögen geht die Übersichtlichkeit häufig schnell verloren. Es ist nützlich, wenn ein Anleger auch einmal darüber nachdenkt, wie seine Erben mit der Aufgabe der Vermögensverwaltung fertig werden sollen.

Wer Vermögensanlage als Hobby betreibt, wird vielleicht gern „spekulieren". Warum nicht? Spekulation ist an sich nichts Anrüchiges, sondern das bewußte Eingehen eines Risikos in der Hoffnung auf außerordentliche Gewinne. Warum soll der Anleger nicht einen Teil seines eigenen (!) Vermögens als „Spielkapital" einsetzen? Er muß aber dann auch Zeit dafür haben! Der Zeitaufwand für die sorgfältige Verwaltung der Anlagen wird für manchen Anleger lästig sein. Andere Anleger dagegen werden vielleicht froh über diese Beschäftigung sein, vor allem, wenn sie keinen Hauptberuf mehr ausüben.

Also gilt auch hier wieder: Eines schickt sich nicht für alle. Die individuelle Ausgangssituation ist entscheidend.

2.2 Die einzelnen Anlageformen aus der Sicht der Senioren:

Der Supermarkt der Finanzdienstleistungen ist unübersichtlich wie auch andere Supermärkte (wenn man sie nicht kennt)!

Die 25 wichtigsten Anlageformen sind:

- **Geldwertanlagen**
  Geld im Sparstrumpf
  Sparbuch
  Festgeld
  Bundesschatzbriefe
  Finanzierungsschätze
  Berlin-Darlehen (mittelfristig)
  Berlin-Darlehen (langfristig)
  Zerobonds
  Bausparen
  Lebensversicherung
  Leibrente einer Versicherung
  Wandel- und Optionsanleihen

- **Sachwertanlagen**
  Aktien
  Aktienfonds
  Eigenheim
  Miethäuser
  Immobilienfonds (offene)
  Immobilienfonds (geschlossene)
  Gold
  Diamanten

- **Sogenannte Spekulationswerte**
  Optionsgeschäfte
  Fremdwährungsanlagen
  Finanzinnovationen

Daneben gibt es weitere Anlageformen, die in diesem Buch nicht besprochen werden, weil sie für Senioren offensichtlich nicht geeignet sind; zum Beispiel:

- **Existenzgründungssparen:**

  Nur interessant, wenn man wirklich eine Existenz aufbauen will.

- **Vermögenswirksames Sparen:**

  Der Staat spart mit, aber nur bei sehr begrenztem Einkommen; auch der Arbeitgeber zahlt manchmal zu.

- **Direktversicherung:**

  Der Arbeitgeber schließt für seinen Arbeitnehmer eine Lebensversicherung ab und zahlt die Prämie (steuerbegünstigt).

Wenn der Markt so schwer zu übersehen ist, wie soll der Anleger sich dann zurechtfinden? Zuerst einmal gilt die Regel: Erst denken – dann anlegen! Nur so können gefährliche Illusionen bei der Geldanlage enttarnt werden. Aber wie soll man beim Denken vorgehen? Zunächst einige Grundüberlegungen:

Es gibt objektiv schlechte Anlageformen, nämlich, wenn man einem Betrüger in die Hände fällt. Die Zahl der Geldanleger, die auf verlockende Anpreisungen hereinfallen, ist erstaunlich groß. Das spielt sich auf dem sogenannten grauen Kapitalmarkt ab.

Wer einer ihm unbekannten Person oder Institution auf bloße Versprechungen hin sein sauer verdientes Geld anvertraut, dem ist nicht zu helfen. Dem nützt auch dieses Buch nicht viel. Man sollte annehmen, daß Senioren aufgrund ihrer Lebenserfahrung auf so etwas nicht mehr hereinfallen. Leider ist diese Annahme falsch!

Ende 1990 erschien im Rudolf Haufe Verlag ein Buch von Kapferer über die grauen Kapitalmärkte. Es trägt den bezeichnenden Titel: „Die Jagd nach Ihrem Geld“.

Sie sollten es lesen, wenn Sie auch als Senior noch gerne „die schnelle Mark“ verdienen wollen!

Wenn es objektiv schlechte Anlageformen gibt, sollte man meinen, daß es auch objektiv gute Anlageformen gibt. Da muß ich Sie leider enttäuschen. Es werden uns, vor allem in Deutschland, zwar eine Fülle von Anlageformen angeboten, die absolut seriös sind. Aber damit ist in keiner Weise gesagt, ob die einzelne Anlage für Sie geeignet ist. Denn nur eine 1. auf die individuelle Situation des Anlegers abgestimmte und 2. das Risiko ausgewogen verteilende Geldanlage wird längerfristig erfolgreich sein.

Um festzustellen, ob eine Geldanlage zu Ihrer individuellen Situation paßt, müssen Sie erst einmal die charakteristischen Merkmale der einzelnen Anlageformen kennen.

Diese charakteristischen Merkmale habe ich im folgenden nicht etwa vollständig dargestellt, sondern nur soweit, wie das zu Ihrer ersten Information nötig ist. Weitere Einzelheiten könnten Sie selbst erforschen (z. B. bei Ihrer Hausbank und siehe empfohlene Literatur), wenn die Anlage Ihnen für Ihre Zwecke geeignet erscheint. Zu dieser Prüfung sollten Sie auf jeden Fall zunächst den jeweils folgenden Eignungstest und die dazugehörenden Erläuterungen studieren.

Dabei wird das, was wir in Kapitel 2.1 erarbeitet haben, auf 22 verschiedene Anlageformen, vom Sparbuch bis zu Diamanten, angewandt. Eine zusätzliche Testfrage beurteilt die „Tauglichkeit für ältere Senioren“.

Bei dem Eignungstest wird sich herausstellen, daß alle Geldanlagen Nachteile haben. Die Erwähnung dieser Nachteile darf nicht als Schwarzfärberei aufgefaßt werden. Es soll nur eine falsche, mitunter auch nur vorgetäuschte Euphorie durch nüchterne Betrachtung ersetzt werden. Der Markt für Geldanlagen ist nämlich ein Tummelplatz für falsche Propheten. Das sollte man nie vergessen. Andererseits wird durch falsche Behauptungen, z. B. über das Gold, das Gold nicht etwa grundsätzlich als Anlagemöglichkeit ausgeschlossen.

Kaum eine der gängigen Möglichkeiten der Geldanlage ist grundsätzlich abzulehnen. Es kommt nur darauf an, die sehr unterschiedlichen Eigenschaften der verschiedenen Geldanlagen zu kennen. Es kommt weiter darauf an, wer anlegt und wieviel Prozent seines Vermögens der Anleger bei einer Anlageform einsetzt. Es wäre für Sie sehr gut, wenn Sie sich diese Gedanken zu eigen machen würden.

Bei der Begutachtung der einzelnen Kriterien mußte ich mich der Übersichtlichkeit wegen auf folgende Kennzeichnungen beschränken:

+ = überwiegend positiv zu beurteilen

– = überwiegend negativ zu beurteilen

? = fraglich

0 = entfällt.

Dazu ist ergänzend zu sagen, daß die Bewertungen häufig mit einem Wenn und Aber ergänzt werden müssen. Ich mußte mich, wenn es auch manchmal schwerfiel, in jedem Einzelfall zu einer Entscheidung durchringen. Das Nähere geht dann aus den einem jeden Text folgenden Erläuterungen hervor.

Wenn Sie die eine oder andere Beurteilung von mir nicht vollständig überzeugt, schadet das nichts. Das Wichtigste ist, daß Sie beim Lesen für die Problematik einer jeden Anlageform sensibilisiert werden!

Natürlich brauchen Sie die einzelnen Anlageformen nur zu lesen, soweit Sie Interesse daran haben. Aber schaden kann es nichts, wenn Sie alles lesen!

Der eilige Leser wird gleich zum Kapitel 2.2.26 „Übersicht über die Eignungstests“ und damit zu der Tabelle in der Rückseite des Buchdeckels übergehen. Aber ohne die Erläuterungen bei den einzelnen Anlageformen wird er vieles nicht verstehen können.

2.2.1 Geld im Sparstrumpf: Sicher ist sicher?

Kurzcharakteristik:

Unter Geld im Sparstrumpf wollen wir verstehen Bargeld, das im Schließfach bei einer Bank oder in der eigenen Wohnung aufbewahrt wird. Sie lächeln? Solche „Investitionen“ kommen viel öfter vor, als Sie denken, vor allem bei älteren Leuten. Es lohnt sich daher, auch diese Anlageform im Eignungstest zu untersuchen (falls es sich um Schwarzgeld handelt, möchte ich den Leser auf Kapitel 2.4.3 aufmerksam machen: „Schwarzgeld: Bei Senioren besonders heiß!“)

Ich wage keine Schätzung, einen wie großen Anteil das Geld im Sparstrumpf am gesamten Geldvermögen haben mag.

Übrigens . . .

. . . gerade ältere Menschen neigen häufig dazu, Bargeld als Schutz und Hilfe bei unvorhergesehenen Belastungen anzusehen. Sie sollten nicht vergessen, daß schon mancher wegen des Besitzes von Bargeld erschlagen wurde. Bargeld kann auf haltlose Menschen geradezu faszinierend wirken.

Auch kann Bargeld leicht zu unbedachten Käufen an der Haustür verführen.

Geld im Sparstrumpf

Eignungstest

Reale Substanzerhaltung	
Bonitätsrisiko	+
Marktrisiko	+
Geldwertrisiko	–
Subjektive Rentabilität	–
Liquidierbarkeit	+
Verwaltbarkeit	?
Steuervorteile	0
Kurs-Chancen, Spekulationsgewinne	0
Tauglichkeit für ältere Senioren	–

Die Kennzeichnung bedeutet:

+ = überwiegend positiv } zu beurteilen
– = überwiegend negativ } zu beurteilen
? = fraglich
0 = entfällt

Geld im Sparstrumpf

Erläuterungen zur Beurteilung im Eignungstest

Ein **Bonitätsrisiko** oder **Marktrisiko** besteht nicht.

Das **Geldwertrisiko** ist negativ zu beurteilen. Ein solcher „Schatz" schmilzt im gleichen Umfang, wie die Preise steigen.

Die **subjektive Rentabilität** ist negativ, da keine Rendite anfällt.

Die **Liquidierbarkeit** ist positiv, sie müßte eigentlich mit einem dreifachen Pluszeichen versehen werden. Alle anderen Anlageformen muß ich erst verkaufen, ehe ich Güter und Dienstleistungen dafür bekommen kann. Bargeld lacht.

Bei der **Verwaltbarkeit** muß wohl zwischen Bankschließfach und Wäscheschrank unterschieden werden. Im letzteren Fall müßte die Verwaltbarkeit mit einem Minuszeichen beurteilt werden. Es wäre nicht das erste Mal, daß ein Geldversteck vergessen oder Geld gestohlen oder aus Versehen vernichtet würde. Auch die immer lauernde Angst um das Geld kann zu einer Belastung werden.

Steuervorteile sind, außer wenn man die Vermögensteuer „spart", nicht gegeben, auch keine **Spekulationsgewinne**.

Die Tauglichkeit für ältere Senioren möchte ich verneinen. Einmal vor allem wegen des Ausfalls einer Rendite und dann, falls im Wäscheschrank, wegen der Gefahr des Diebstahls. Oder auch nur wegen der Angst davor.

2.2.2 Sparbuch: Eine sichere Methode, längerfristig Geld zu verlieren! Und dennoch eine brauchbare Anlageform!

Kurzcharakteristik:

Das Sparbuch ist ein auf den Namen des Sparers lautendes, von einer Bank oder Sparkasse ausgegebenes Heft, in das die laufenden Veränderungen des betreffenden Sparguthabens eingetragen werden.

Einzahlungen werden sofort verzinst, die Zinsen aber erst am Jahresende gutgeschrieben. Das bedeutet, daß es im Laufe des Jahres sog. Zinseszinsen nicht gibt.

Es gibt Sparbücher mit gesetzlicher Kündigungsfrist (3 Monate) und mit vereinbarter (längerer) Kündigungsfrist. Bei derartigen Vereinbarungen müssen Sie Anlagedauer und Kündigungsfrist auseinanderhalten.

Das Sparbuch ist in der Bundesrepublik Deutschland sehr beliebt. Es gibt weit über 100 Millionen Sparbücher, auf denen etwa 700 Milliarden DM gutgeschrieben sind.

An der privaten Geldvermögensbildung (Ende 1989 waren dies rd. 2 800 Milliarden) sind die Spargelder also mit rund 25% beteiligt. (Zum Vergleich: Aktien 185 Milliarden oder knapp 7%)

Ob diese Bevorzugung des Sparbuches durch die Geldanleger wirtschaftlich gerechtfertigt ist, soll mit dem folgenden Eignungstest untersucht werden.

Sparbuch

Eignungstest

Reale Substanzerhaltung	
Bonitätsrisiko	+
Marktrisiko	+
Geldwertrisiko	–
Subjektive Rentabilität	–
Liquidierbarkeit	+
Verwaltbarkeit	+
Steuervorteile	0
Kurs-Chancen, Spekulationsgewinne	0
Tauglichkeit für ältere Senioren	+

Die Kennzeichnung bedeutet:

+ = überwiegend positiv } zu beurteilen
– = überwiegend negativ } zu beurteilen
? = fraglich
0 = entfällt

Sparbuch

Erläuterungen zur Beurteilung im Eignungstest

Zum Test des Sparbuches sind nur wenig Erläuterungen erforderlich. Für diese Anlageform habe ich die provozierende Überschrift gewählt:

„Eine sichere Methode, längerfristig Geld zu verlieren! Und doch eine brauchbare Anlageform!“

Bonitätsrisiko und **Marktrisiko**

bestehen bei einer (deutschen) Sparkasse nicht. Dennoch ist wegen des **Geldwertrisikos** (eigentlich muß man sogar sagen: wegen der mit Sicherheit zu erwartenden schleichenden Geldentwertung) die **reale Substanzerhaltung** nicht gegeben.

Die durchschnittliche Inflationsrate betrug in den letzten 30 Jahren jährlich gut 3%. Die Verzinsung eines Sparbuches mit gesetzlicher Kündigungsfrist lag aber auf längere Zeit niemals über, aber manchmal unter der Inflationsrate.

Außerdem unterliegen die Zinsen der Einkommen- und ggf. der Kirchensteuer. Sehr schnell gehen da ein Drittel und mehr der Zinsen für Steuern weg. Der Rest reicht nicht für eine Erhaltung der Kaufkraft, also nicht für die reale Substanzerhaltung. Das wird mit großer Wahrscheinlichkeit auch in Zukunft so sein.

Damit ist auch schon das Minuszeichen für die **subjektive Rentabilität** erklärt, die stets im Zusammenhang mit der Geldentwertung gesehen werden muß. Ab DM 10 000 ist wahrscheinlich für Sie eine Festgeldanlage günstiger als ein Sparbuch. (Siehe das folgende Kapitel.)

Für den Laien verblüffend ist die Tatsache, daß die Sparkassen die Zinsen für Sparguthaben senken können, ohne den Sparer zu fragen!!

Dennoch kann die Anlage, vor allem kleiner und kleinster Beträge oder einer Liquiditätsreserve auf einem Sparbuch auch für Senioren sinnvoll sein, denn die **Liquidierbarkeit** ist positiv zu beurteilen.

Da Sie von einem Sparbuch mit gesetzlicher Kündigungsfrist innerhalb von 30 Tagen nur DM 2 000 abheben können, empfiehlt sich ggf. die Führung von 3 Sparbüchern zu DM 2 000, statt der Führung eines Sparbuches zu DM 6 000. Zusätzliche Kosten entstehen dadurch nicht.

Vereinbaren Sie mit der Bank eine längere Kündigungsfrist, dann bekommen Sie auch mehr Zinsen. Die Verringerung der Liquidität ist dann, wie häufig bei Geldanlagen, der Preis für die Erhöhung der Rentabilität.

Probleme der **Verwaltbarkeit** bestehen nicht.

Steuervorteile oder **Spekulationsgewinne** entfallen.

Die Tauglichkeit für ältere Senioren kann bejaht werden.

Nicht unerwähnt sollte das Postsparbuch bleiben. Es hat gegenüber den Sparbüchern von Sparkassen und Banken den großen Vorteil, daß man bei jeder Post und vielfach auch im Ausland von seinem Konto abheben kann.

Übrigens . . .

. . . so wie das Auto der Deutschen liebstes Kind ist, ist das Sparbuch das liebste Kind der Banken und Sparkassen. Verständlich! Wenn Sie bei einem Geldinstitut Geld leihen wollen, haben Sie Glück, wenn Sie nur das Dreifache der Zinsen zahlen müssen, die Sie auf Ihrem Sparbuch bekommen. Daher können Sie auch um höhere Zinsen feilschen, wenn es um einige 1 000 DM geht, aber die Mindestanlagesumme für Festgelder (mit 10 000 DM) noch nicht erreicht ist.

2.2.3 Festgeld: Geeignet nur für Senioren, die gerne um Prozente feilschen!

Kurzcharakteristik:

Festgeld ist eine Anlageform, bei der ein Anleger der Bank Geld für eine im voraus festgelegte Dauer zu einem bestimmten Zinssatz zur Verfügung stellt. Die Mindestsumme beträgt im allgemeinen 10 000 DM. Der Zeitraum ist normalerweise mindestens ein Monat.

Nach Ablauf der vereinbarten Zeitspanne kann man das Geld immer wieder neu festlegen. Tut man nichts, wird die Bank das Festgeld um den gleichen Zeitraum verlängern, aber zu „marktüblichen", also eventuell geringeren Zinsen. Man muß also selbst aktiv werden, wenn die Bank nicht von sich aus anruft!

Die Festgeldanlagen erfreuen sich wachsender Beliebtheit. Die Summe aller Festgelder – auch Termineinlagen genannt – belief sich Ende 1989 auf 230 Milliarden und lag damit weit über den Aktien in Privathand.

Wie macht sich das Festgeld beim Eignungstest?

Übrigens . . .

. . . Festgelder sind der Wartesaal der Geldanlage. Wenn man annimmt, daß die Zinsen steigen werden, tut man gut daran, mit der endgültigen Anlage (zum Beispiel in Bundeswertpapieren) zu warten. Leider ist es bei dem Wartesaal der Geldanlage anders, als beim Bahnhofswartesaal: Es ist nicht nur fraglich, wann der Zug abfährt, sondern nicht einmal sicher, in welche Richtung er fährt (Zinserhöhung oder Zinssenkung!).

Festgeld

Eignungstest

Reale Substanzerhaltung	
Bonitätsrisiko	+
Marktrisiko	+
Geldwertrisiko	?
Subjektive Rentabilität	?
Liquidierbarkeit	+
Verwaltbarkeit	?
Steuervorteile	0
Kurs-Chancen, Spekulationsgewinne	0
Tauglichkeit für ältere Senioren	+

Die Kennzeichnung bedeutet:

\+ = überwiegend positiv } zu beurteilen
– = überwiegend negativ } zu beurteilen
? = fraglich
0 = entfällt

Festgeld

Erläuterungen zur Beurteilung im Eignungstest

Ein Bonitätsrisiko ist bei einer seriösen Bank nicht gegeben. Ein **Marktrisiko** besteht wegen der kurzen Laufzeit nicht.

Beim **Geldwertrisiko** und bei der **subjektiven Rentabilität** steht, anders als beim Sparbuch, nicht ein Minuszeichen, sondern ein Fragezeichen, weil es nämlich meist erheblich mehr Zinsen gibt als beim Sparbuch, und weil die Zinsen sofort nach Ablauf der Bindungsfrist gutgeschrieben werden und ihrerseits Zinsen bringen. Man kann daher hoffen, daß die Zinsen auch nach Versteuerung noch ausreichen, um die schleichende Geldentwertung auszugleichen oder zu übertreffen. Bei 7% Zinsen bleiben, unterstellt man einen Spitzensteuersatz von 40% und eine Geldentwertung von nur 3%, gut 1% Zinsen übrig. Das ist immerhin etwas! (7 ./. 2,8=4,2 ./. 3,0=1,2).

Eine schnelle **Liquidierbarkeit** ist gegeben, wenn man nicht zu lange Festlegungszeiten wählt.

Bei der **Verwaltbarkeit** habe ich – anders als beim Sparbuch – ein Fragezeichen eingesetzt. Es ist nämlich für manchen auf die Dauer etwas lästig, alle ein oder zwei Monate ein neues Festgeld zu vereinbaren. Wobei diese Vereinbarung leicht auf ein Feilschen um Prozente, richtiger gesagt, um Teile von Prozenten hinausläuft.

Natürlich macht 1/2% auf DM 20 000 für einen Monat nur DM 1000 geteilt durch 12, also nur DM 83 aus. Aber haben Sie sich erst einmal auf einen mäßigen Zinssatz eingelassen, kommen Sie schlecht wieder davon los. Es lohnt sich also zu verhandeln, denn dem Sachbearbeiter für Festgeld wird nie ein fester Satz, sondern eine Spanne vorgegeben. Natürlich spielt auch die Höhe des Festgeldes eine Rolle.

Keine **Steuervorteile**, keine **Spekulationsgewinne**.

Die **Tauglichkeit** einer Festgeldanlage **für ältere Senioren** habe ich dann aber doch mit einem Pluszeichen versehen, denn auch, wenn manche Senioren vielleicht nicht den bestmöglichen Prozentsatz „heraushandeln“ werden: Festgeld bringt immer mehr Zinsen als ein Sparbuch und ist auch liquider.

2.2.4 Bundesschatzbriefe: Der geduldige Anleger wird belohnt!

Kurzcharakteristik:

Bundesschatzbriefe sind Wertpapiere ohne Urkunde, sogenannte Wertrechte, die vom Bund laufend herausgegeben werden.

Steigender fester Zinssatz während der Laufzeit (6-7 Jahre), der bei jeder Ausgabe unter Berücksichtigung des allgemeinen Zinsniveaus neu festgelegt wird.

Es gibt verschiedene Typen:

Typ A: Laufzeit 6 Jahre, Zinsgutschrift jährlich bei der Hausbank.

Typ B: Laufzeit 7 Jahre. Zinsen und Zinseszinsen werden bei der Rückzahlung ausgezahlt.

Zinsen im Herbst 1990 von 7,5% bis 9% im 6. und 7. Jahr ansteigend.

Mindestanlage bei Typ A DM 100,-, bei Typ B DM 50,–.

Nach 1 Jahr Sperrfrist Rückgabe bis DM 10 000 monatlich möglich, wobei allerdings Kosten in Höhe von 0,5% des Nennwertes entstehen.

Gutschrift der Wertrechte bei der eigenen Hausbank im Depot (übliche Depotgebühren) oder Eintragung des Käufers im Bundesschuldbuch bei der Bundesschuldenverwaltung (kostenlos).

Übrigens . . .

. . . Bundesschatzbriefe sollte man bei größeren Summen in Etappen kaufen; denn in Zeiten allgemein steigender Zinsen werden die Zinsen für neu auszugebende Bundesschatzbriefe von der Bundesschuldenverwaltung von Zeit zu Zeit heraufgesetzt. Dann ist es gut, wenn man noch weitere Mittel zur Anlage hat.

Bundesschatzbriefe

Eignungstest

Reale Substanzerhaltung	
Bonitätsrisiko	+
Marktrisiko	+
Geldwertrisiko	?

Subjektive Rentabilität	?
Liquidierbarkeit	?
Verwaltbarkeit	+
Steuervorteile	0
Kurs-Chancen, Spekulationsgewinne	0
Tauglichkeit für ältere Senioren	+

Die Kennzeichnung bedeutet:

+ = überwiegend positiv } zu beurteilen
– = überwiegend negativ } zu beurteilen
? = fraglich
0 = entfällt

Bundesschatzbriefe

Erläuterungen zur Beurteilung im Eignungstest

Kein **Bonitätsrisiko**, da der Schuldner der Staat ist.

Ein **Marktrisiko** entsteht dann, wenn der allgemeine Zinssatz höher ist, als der Zinssatz, den Sie zu diesem Zeitpunkt gemäß der Zinsstaffelung erreicht haben. Beispiel: Bundesschatzbrief A, ausgegeben im Juli 1990. Im 2. Jahr Ihrer Besitzdauer bekommen Sie gemäß Zinsstaffel 8,25% Zinsen. Vielleicht gibt es dann neue Schatzbriefe, die schon im 1. Jahr 8,5% bringen. Dann lohnt es sich, in neue Schatzbriefe umzutauschen (trotz der einmaligen Gebühr von 0,5%) und so das Marktrisiko zu unterlaufen. Daher steht im Eignungstest beim Marktrisiko ein Plus.

Das **Geldwertrisiko** hat ein Fragezeichen wegen der immer vorhandenen schleichenden Geldentwertung.

Die **subjektive Rentabilität** hängt von den (gestaffelten) Zinsen ab. Wahrscheinlich bekommen Sie mehr als beim Festgeld.

Die **Liquidierbarkeit** ist zwar grundsätzlich gegeben, aber sie ist begrenzt auf 10 000 DM monatlich pro Person (Gegebenenfalls also auch auf den Namen des Partners kaufen!). Außerdem hat man bei vorzeitiger Rückzahlung keinen Anteil an den im Laufe der Jahre immer höher werdenden Zinsen; und man bezahlt 0,5% des Nennwertes als Spesen.

Die **Verwaltbarkeit** ist positiv zu beurteilen. Der Anleger hat keinerlei Arbeit mit seiner Anlage.

Steuervorteile sind nicht gegeben. (Tafelgeschäfte sind übrigens nicht möglich, weil keine Urkunden ausgegeben werden).

Spekulationsgewinne entfallen. Selbst wenn Sie hochverzinsliche Bundesschatzbriefe haben und das allgemeine Zinsniveau niedrig ist, können Sie die Schatzbriefe nicht zu einem Kurs über 100% verkaufen (wie dies bei einer Anleihe möglich wäre), sondern nur zum Nennwert zurückgeben.

Die **Tauglichkeit für ältere Senioren** ist gegeben. Allerdings muß die wirtschaftlich vernünftige Laufzeit von 6-7 Jahren unter Berücksichtigung des Lebensalters beachtet werden.

2.2.5 Finanzierungsschätze: Festgeld beim Bund!

Kurzcharakteristik:

Eine Geldanlage beim Bund (Bundesrepublik), die über ein oder zwei Jahre läuft.

Ein abgezinstes (siehe Erläuterung im Anhang), an der Börse nicht handelbares Wertpapier, das bei Ablauf zum Nominalbetrag zurückgezahlt wird. Der Ertrag ergibt sich aus der Differenz zwischen Kaufpreis und Rückzahlungsbetrag.

Eine vorzeitige Rückgabe ist nicht möglich. Stückelung 1 000 DM oder ein Mehrfaches.

Die Rendite wird von der Bundesrepublik von Zeit zu Zeit dem allgemeinen Zinsniveau angepaßt. An bereits getätigten Käufen ändert sich dadurch aber nichts.

Von 1985 bis 1987 schwankte die Rendite zwischen 7% und 4%. Im Herbst 1990 lag die Rendite bei einjähriger Laufzeit bei 8,25%, bei zweijähriger Laufzeit um 8,5%.

Die Verwahrung bei der Landeszentralbank ist kostenlos. Bei Ihrer Hausbank entstehen Gebühren, die freilich Verhandlungssache sind, vor allem bei größeren Beträgen.

Übrigens . . .

. . . bei diesen „Festgeldern“ konkurriert die Bundesrepublik Deutschland direkt mit den Banken. Da Sie sich beim Bund auf 1 oder 2 Jahre absolut festlegen, lohnt es sich, bei Ihrer Hausbank zu fragen, was diese für 1, 3- oder 6-monatiges Festgeld zahlt (im allgemeinen allerdings weniger).

Finanzierungsschätze

Eignungstest

Reale Substanzerhaltung	
Bonitätsrisiko	+
Marktrisiko	+
Geldwertrisiko	?
Subjektive Rentabilität	?
Liquidierbarkeit	–
Verwaltbarkeit	+
Steuervorteile	0
Kurs-Chancen, Spekulationsgewinne	0
Tauglichkeit für ältere Senioren	+

Die Kennzeichnung bedeutet:

+ = überwiegend positiv } zu beurteilen
– = überwiegend negativ } zu beurteilen
? = fraglich
0 = entfällt

Finanzierungsschätze

Erläuterungen zur Beurteilung im Eignungstest

Es gibt keinerlei **Bonitätsrisiko**, da die Bundesrepublik für die Rückzahlung zum Nennwert geradesteht.

Ein **Marktrisiko** besteht insofern, als das allgemeine Zinsniveau während der Laufzeit unerwartet ansteigen kann.

Das Geldwertrisiko ist mit einem Fragezeichen versehen wegen der immer wirksamen, schleichenden Geldentwertung. Ihre Auswirkung ist jedoch bei einem oder zwei Jahren Laufzeit nicht so bedeutungsvoll.

Die **subjektive Rentabilität** ist besser als bei anderen Wertpapieren, weil beim Kauf und bei der Rückzahlung keine Kosten entstehen und eine kostenlose Verwaltung bei der Landeszentralbank möglich ist.

Das von mir eingesetzte Fragezeichen kann bei hoher Rendite und niedriger Geldentwertung zum Pluszeichen werden.

Beispiel Herbst 1990: Rendite für 2 Jahre

Laufzeit 8,5% ./. 40% (angenommene)

Steuern = 5,1% ./. 2,9% Geldentwertung = 2,2%.

Die **Liquidierbarkeit** ist negativ zu beurteilen, weil eine Rückgabe während der vereinbarten Laufzeit nicht möglich ist.

Die **Verwaltbarkeit** ist positiv zu beurteilen. Der Anleger hat keinerlei Arbeit damit.

Steuervorteile sind nicht gegeben.

Kurs-Chancen, Spekulationsgewinne können nicht entstehen, da von vornherein feststeht, wieviel Sie beim Kauf bezahlen und am Ende der Laufzeit zurückbekommen.

2.2.6 Berlin-Darlehen (mittelfristig): Echte Steuerersparnis, aber lange Bindung!

Vorbemerkung zu Steuersparanlagen:

Sehr viele Geldanleger reagieren auf das Versprechen einer Steuerersparnis so wie der Hund, dem man eine Wurst vor die Nase hält, sie schnappen zu! Beim Hund kann ich das verstehen, beim Anleger nicht. Er sollte wissen, daß die ihm vorgehaltenen Würste schwer bekömmlich oder gar vergiftet sein können.

Das haben bei den geschlossenen Immobilienfonds schon viele Anleger erfahren müssen (Kapitel 2.2.20). Bei den Berlin-Darlehen können Sie sicher sein, daß die Wurst nicht vergiftet ist. Wie die Wurst Ihnen allerdings bekommt, werden wir im Eignungstest prüfen.

Merke: Auch der Staat gibt nicht mehr, als er geben muß, um Sie zu einer Geldanlage zu veranlassen, die der Staat wünscht.

Kurzcharakteristik:

Der Geldanleger gewährt gemäß dem Berlin-Förderungsgesetz einer (möglichst öffentlich-rechtlichen) Bank ein Darlehen für eine feste Laufzeit (8, 10 oder 12 Jahre) und zu festen Zinsen. Das Darlehen wird nach 3 tilgungsfreien Jahren in gleichen Raten zurückgezahlt. Der Steuereffekt: Der Darlehensgeber darf im Jahr der Hingabe 12% des Darlehensbetrages von seiner Steuer absetzen. Die Steuerersparnis darf aber 50% der ursprünglichen Steuerschuld nicht übersteigen.

Beispiel: Berlin-Darlehen 50 000 DM. Steuerschuld ohne Berlin-Darlehen 20 000 DM. Minderung der Steuerschuld um 12% von 50 000 DM = 6 000 DM auf 14 000 DM. Ob es auch Nachteile gibt, soll der Eignungstest zeigen.

Berlin-Darlehen (mittelfristig)

Eignungstest

Reale Substanzerhaltung	
Bonitätsrisiko	+
Marktrisiko	+
Geldwertrisiko	?
Subjektive Rentabilität	+
Liquidierbarkeit	–
Verwaltbarkeit	+
Steuervorteile	+
Kurs-Chancen, Spekulationsgewinne	0
Tauglichkeit für ältere Senioren	?

Die Kennzeichnung bedeutet:

+ = überwiegend positiv } zu beurteilen
– = überwiegend negativ } zu beurteilen
? = fraglich
0 = entfällt

Berlin-Darlehen (mittelfristig)

Erläuterungen zur Beurteilung im Eignungstest

Bonitätsrisiko und **Marktrisiko** sind positiv bewertet.

Das **Geldwertrisiko** muß mit einem Fragezeichen versehen werden. Wir haben eine durchschnittliche jährliche Geldentwertung von 3%. Bei einer Laufzeit von nur 8 Jahren sind das schon 24%. (Der Einfachheit halber davon abgesehen, daß sich die 3% auf einen langsam kleiner werdenden Betrag beziehen).
Es ist durchaus möglich, daß die Geldentwertungsraten wieder steigen. Aber bleiben wir bei dem Beispiel am Beginn dieses Kapitels.

Berlin-Darlehen auf 8 Jahre DM 50 000;
Minderung der ursprünglichen Steuerschuld
von 20 000 um DM 6 000 (12% des Darlehens).

Dann sieht die Rechnung so aus:

Jahreszinsen – Annahme	6,0%
40% Einkommen- u. Kirchensteuer	./.2,4%
	3,6%
6 000 DM Steuerersparnis, verteilt auf 8 Jahre = 750 pro Jahr, das sind auf 50 000 DM	1,5%
	5,1%
Geldentwertung	./. 3,0%
	2,1%

Für den genauen Rechner sei gesagt, daß die DM 6 000 eigentlich aufgezinst werden müßten. Dann würde die Rechnung um 0,75% günstiger aussehen. Aber diese „Reserve“ sollte man vorsichtshalber mit einer vermutlich höheren Geldentwertung verrechnen.

Damit ist auch erklärt, daß die **subjektive Rentabilität** mit einem Pluszeichen versehen werden kann. Bei einem geringeren Zinssatz als 5% würde ich zur Beurteilung mit einem Fragezeichen neigen.

Die **Liquidierbarkeit** ist negativ, da der Darlehensvertrag unkündbar ist.

Die **Verwaltbarkeit** bietet keine Probleme. Die tatsächlich vorhandenen **Steuervorteile**, die zusammen mit dem **Geldwertrisiko** erläutert wurden, sind beachtlich.

Spekulationsgewinne können nicht entstehen.

Die **Tauglichkeit für ältere Senioren** muß wegen der langen Laufzeit und wegen der nicht gegebenen Liquidierbarkeit mit einem Fragezeichen versehen werden.

Übrigens . . .

. . . ein anschauliches Beispiel dafür, daß es auf dem Markt der Geldanlage nichts umsonst gibt. Sie bekommen eine echte, ungefährdete Steuerersparnis, aber Sie zahlen dafür mit dem Verlust der Liquidierbarkeit für eine lange Zeit. Das kann ein sehr schlechtes Geschäft sein.

2.2.7 Berlin-Darlehen (langfristig): Echte Steuerersparnis! Nur wer ein biblisches Alter erreicht, erlebt die volle Rückzahlung.

Kurzcharakteristik:

Sehr ähnlich dem soeben besprochenen mittelfristigen Berlin-Darlehen, jedoch Laufzeit 25 Jahre und Steuerersparnis 20%.

Der Steuereffekt bemißt sich dann so:

Berlin-Darlehen	DM 50 000
Steuerschuld ohne Berl.-Darl.	DM 20 000
Minderung der Steuerschuld um 20% von 50 000	DM 10 000

Das klingt ganz gut! Aber was sagt uns der Eignungstest?

Übrigens . . .

. . . eigentlich wollte ich die langfristigen Berlin-Darlehen gar nicht in diese Untersuchung aufnehmen. So wie ich das „Existenzgründungssparen“ und das „Vermögenswirksame Sparen“ ausgelassen habe, weil es für den Senior nicht in Frage kommt. Aber die leidenschaftliche Liebe vieler Anleger zu Steuersparanlagen (siehe Vorbemerkung Seite 81) veranlassen mich, die Vor- und Nachteile dieser Anlageform doch zu untersuchen.

Berlin-Darlehen (langfristig)

Eignungstest

Reale Substanzerhaltung	
Bonitätsrisiko	+
Marktrisiko	+
Geldwertrisiko	–

Subjektive Rentabilität	–
Liquidierbarkeit	–
Verwaltbarkeit	+
Steuervorteile	+
Kurs-Chancen, Spekulationsgewinne	0
Tauglichkeit für ältere Senioren	–

Die Kennzeichnung bedeutet:

\+ = überwiegend positiv } zu beurteilen
– = überwiegend negativ } zu beurteilen
? = fraglich
0 = entfällt

Berlin-Darlehen (langfristig)

Erläuterungen zur Beurteilung im Eignungstest

Bei dem Eignungstest schneidet das langfristige Berlin-Darlehen schlechter ab als das mittelfristige. Auf 25 Jahre hat das Geldwertrisiko eine sehr große Bedeutung. Sie ist so groß, daß die **subjektive Rentabilität**, die beim mittelfristigen Darlehen noch positiv eingestuft werden konnte, negativ wird.

Den Ausschlag gibt die mangelnde **Liquidierbarkeit**. Eine Geldanlage auf 25 Jahre ist für einen älteren Senior normalerweise nicht tauglich.

Einmal abgeschlossen, gibt es nichts mehr oder wenig zu **verwalten**.

Insgesamt muß die **Tauglichkeit für ältere Senioren** mit einem Minuszeichen versehen werden.

2.2.8 Renten (Anleihen und Pfandbriefe): Laufzeit und Lebenserwartung vergleichen!

Kurzcharakteristik:

(Gemeint sind hier Anleihen, Pfandbriefe, auch Kommunalobligationen ausschließlich deutscher Institute und Gesellschaften).

Mit dem Kauf einer Anleihe erwirbt der Anleger einen Anspruch auf eine feste Verzinsung des Nennwerts zu bestimmten Terminen. Spätestens bei Ablauf der vereinbarten Laufzeit wird der Nennwert zurückgezahlt.

Laufzeit meist 10 Jahre. Verkauf über die Börse jederzeit möglich.

Stückelung meist zu 100 DM oder 1 000 DM.

Wie machen sich die Renten beim Eignungstest?

Übrigens . . .

. . . manchmal ist dem Anleiheschuldner das Recht eingeräumt, die Anleihe vorzeitig zu kündigen und zum Nennwert zurückzuzahlen. Er wird das tun, wenn die Anleihe z.B. einen Nominalzinssatz von 8% hat, das allgemeine Zinsniveau für Anleihen aber auf 6% gesunken ist. Er kann sich dann nämlich billiger finanzieren, wenn er eine neue Anleihe ausgibt.

Umgekehrt können Sie aber nicht vorzeitig eine Rückzahlung verlangen. Das wäre für Sie interessant, wenn Sie eine Anleihe zu einem Nominalzinssatz von 6% gekauft haben, neu herauskommende Anleihen aber 8% bringen. Ihnen bleibt nur der Verkauf über die Börse zu einem (in dem genannten Beispiel) schlechten Kurs (wegen der bereits eingeführten 8%igen Anleihen), falls Sie nicht das Ende der Laufzeit abwarten.

Vorsichtshalber sollten Sie ohnehin beim Kauf einer Anleihe beachten, ob das Ende der Laufzeit für Sie aus persönlichen Gründen günstig ist.

Renten

Eignungstest

Reale Substanzerhaltung	
Bonitätsrisiko	+
Marktrisiko	?
Geldwertrisiko	–
Subjektive Rentabilität	?
Liquidierbarkeit	+
Verwaltbarkeit	+
Steuervorteile	?
Kurs-Chancen, Spekulationsgewinne	+
Tauglichkeit für ältere Senioren	+

Die Kennzeichnung bedeutet:

+ = überwiegend positiv } zu beurteilen
– = überwiegend negativ } zu beurteilen
? = fraglich
0 = entfällt

Renten

Erläuterungen zur Beurteilung im Eignungstest

An der **Bonität** dieser Schuldner ist im allgemeinen nichts auszusetzen, insbesondere, wenn es sich um öffentliche Körperschaften handelt.

Beim **Marktrisiko** müssen wir dagegen ein Fragezeichen setzen. Der Kurs der Anleihen unterliegt zwar nicht so starken und schwer vorhersehbaren Schwankungen wie der Kurs von Aktien, aber das Zinsniveau kann sich doch sehr verändern. Damit steigt oder fällt der Kurs Ihrer Anleihen. Wenn Sie im November 1988 für 20 000 DM eine Bundesanleihe mit einer Laufzeit von 10 Jahren gekauft haben, lag die Rendite bei 6,5%. Inzwischen stieg das DM-Zinsniveau ungewöhnlich stark an und erreichte im April 1990 8,5%. Entsprechend fiel der Kurs Ihrer Anleihe auf 87,36%. Weil man jetzt für 20 000 DM etwas „Besseres" kaufen kann, nämlich eine wesentlich besser verzinste Anleihe. Sie würden also beim Verkauf statt 20 000 nur 17 472 DM (abzüglich fast 1% Verkaufsspesen) bekommen. Ein empfindlicher Verlust. Das Marktrisiko hätte Sie voll erwischt!

Wenn Sie nicht aus persönlichen Gründen verkaufen müssen, können Sie freilich warten, bis die Anleihe bei Ende der Laufzeit zu 100% zurückgezahlt wird. Ein gewisser Trost. Es ist Ihnen ein „Gewinn entgangen", aber Sie haben keinen Verlust erlitten.

Verläuft die Zinsentwicklung umgekehrt, winkt Ihnen leider nicht ein entsprechender Gewinn. Bei vielen Anleihen hat nämlich der Anleiheschuldner – im Gegensatz zum Anleger – das Recht, die Anleihe vorzeitig zu kündigen und zu 100% zurückzuzahlen. Eigentlich eine unfaire Regelung! Aber da sie dem Anleger bekannt ist oder zumindest bekannt sein sollte, kann man nichts dagegen sagen. Der Anleger muß ja nicht vorzeitig zurückzahlbare Anleihen kaufen.

Für den älteren Senior kann die Klausel bezüglich der vorzeitigen Rückzahlung besonders unangenehm sein. Vielleicht ist er zu dem gegebenen Zeitpunkt weniger geneigt oder in der Lage, die dann erforderliche neue Anlageentscheidung zu treffen!

Das **Geldwertrisiko** muß mit einem Minuszeichen versehen werden. Die Zinsen minus 40% Steuern dürfen nicht höher sein als die Geldentwertungsrate. Dafür zwei Beispiele von 1980 und 1990:

Anleihezins 1980	8,0%
40% Einkommen-, Kirchen- und Vermögensteuer	./. 3,2%
subjektive Rentabilität	4,8%
Geldentwertung	./. 5,2%
jährlicher **Verlust**	./. 0,4%

Im Frühjahr 1990 sah die Rechnung so aus:

Anleihezins 1990	8,5%
40% Einkommen-, Kirchen- und Vermögensteuer	./. 3,4%
subjektive Rentabilität	5,1%
Geldentwertung	./. 3,0%
jährlicher **Gewinn**	2,1%

Das ist im Vergleich zu 1980 ein beachtlich gutes Ergebnis, zumal bei gleichem Einkommen die Steuer aufgrund der Steuerreform eigentlich niedriger angesetzt werden mußte als 1990. Wie die Rechnung am Ende der neunziger Jahre aussehen wird, hängt vor allem von der Besteuerung und von der Entwicklung der Geldentwertung ab.

Nach bisherigen Erfahrungen pendeln sich auf längere Sicht die langfristigen Zinsen auf einem Niveau ein, das etwa 3% über der Geldentwertungsrate liegt. Im Frühjahr 1990 war die Situation insofern besonders günstig, als die langfristigen Zinsen mehr als 5% über der Geldentwertungsrate lagen. Für solche Zeiten könnte man das Geldwertrisiko mit einem Pluszeichen versehen.

Für die **subjektive Rentabilität** ergibt sich das Fragezeichen aus denselben Überlegungen wie das Minuszeichen beim Geldwertrisiko.

Liquidierbarkeit und **Verwaltbarkeit** können positiv bewertet werden. Man kann diese Renten jederzeit an der Börse verkaufen. Das Inkasso der Zinsen besorgt Ihre Hausbank.

Das Fragezeichen bei der Rubrik **Steuervorteile** soll darauf aufmerksam machen, daß der Kursgewinn bei Verkauf oder Rückzahlung steuerfrei sein kann. Wenn ich im Frühjahr 1990 die vorhin erwähnte 6,5%ige Bundesanleihe zum Kurs von 87,36 kaufe und bis zur Rückzahlung im Jahre 1998 behalte, ist der Kursgewinn von 12% steuerfrei. Das wäre, auf die verbleibende Laufzeit von 8 Jahren bezogen, immerhin pro Jahr 1,5% steuerfreier Ertrag zu den vereinbarten 6,5% auf den Nominalwert, also etwa 7,5% auf meinen Kaufpreis. Diese **Kurschancen – Spekulationsgewinne** sind möglich, und zwar immer dann, wenn man zu einem Kurs unter 100% kauft.

Die **Tauglichkeit für ältere Senioren** kann mit einem Pluszeichen versehen werden. Bei der Wahl der Laufzeit einer Anleihe sollte man jedoch auch an die eigene voraussichtliche Lebenserwartung denken.

2.2.9 Zerobonds: Für jüngere Senioren interessant wegen Verschiebung der Steuerlast!

Kurzcharakteristik:

Zerobonds (auch Null-Coupon-Anleihen genannt) gehören zur Familie der abgezinsten Wertpapiere. Anders als bei den meisten Festverzinslichen Wertpapieren (siehe Kapitel 2.2.8) bekommen Sie die Zinsen nicht laufend ausgezahlt.

Damit das Angebot besonders verlockend aussieht, bekommen Sie nicht bei der Rückzahlung den Nominalbetrag des Zerobonds plus Zinsen und Zinseszinsen, sondern Sie zahlen beim Kauf nur den Nominalbetrag abzüglich Zinsen und Zinseszinsen. Wenn Sie z. B. im Jahre 2015 den Betrag von 1 000 DM ausbezahlt haben möchten, brauchen Sie im Kaufjahr 1990 nur 170 DM zu investieren. Für den nicht mathematisch geschulten Anleger verblüffend! Aber die Rechnung stimmt!

Die Zinsen, die den Zuwachs bewirken, werden erst bei Verkauf oder Einlösung der Anleihe fällig. Ein zwischenzeitlicher Verkauf zu dem jeweiligen Kurs ist möglich.

Übrigens . . .

. . . es ist nicht jedermanns Geschmack, über lange Jahre keine Erträge der Geldanlage zu sehen. Auch wenn man beim Kauf denkt, daß man die Erträge nicht braucht. Es wird wohl bei dieser Anlage der zeitliche Aufschub der Besteuerung sein, der für viele reizvoll ist.

Zerobonds

Eignungstest

Reale Substanzerhaltung	
Bonitätsrisiko	?
Marktrisiko	?
Geldwertrisiko	–
Subjektive Rentabilität	+
Liquidierbarkeit	+
Verwaltbarkeit	+
Steuervorteile	+
Kurs-Chancen, Spekulationsgewinne	+
Tauglichkeit für ältere Senioren	–

Die Kennzeichnung bedeutet:

+ = überwiegend positiv } zu beurteilen
– = überwiegend negativ } zu beurteilen
? = fraglich
0 = entfällt

Zerobonds

Erläuterungen zur Beurteilung im Eignungstest

Wegen der langen Laufzeit ist die **Bonität** des Schuldners besonders wichtig. Das gilt natürlich besonders, wenn man Zerobonds ausländischer Schuldner kauft.

Das **Marktrisiko** besteht nur bei einem vorzeitigen Verkauf, wenn seit dem Kauf das Zinsniveau erheblich gestiegen ist. Es ist dies im Grunde nichts anderes, als wenn Sie eine 6%ige Anleihe im Depot haben, das entsprechende Zinsniveau aber inzwischen 8% beträgt.

Das **Geldwertrisiko** habe ich mit einem Minuszeichen versehen, weil bei der üblichen langen Laufzeit die laufende Geldentwertung besonders zu Buche schlägt.

Die **subjektive Rentabilität**, also nach Steuern, muß zusammen mit den **Steuervorteilen** gesehen werden. Wenn ein jüngerer Senior noch sein höchstes Lebenseinkommen bezieht, kann es schon interessant sein, die Zinsen erst später versteuern zu müssen, wenn das Einkommen und damit die Steuerprogression entsprechend niedriger sind.

Darauf weist auch die Überschrift dieses Kapitels, die sich auf die Verschiebung der Steuerlast bezieht, hin.

Die **Kurs-Chancen** sind – bezogen auf das geringe eingesetzte Kapital – bei Zinssenkungen hervorragend. Langläufer zu billigen Ausgabekursen können dann besonders schnelle Gewinne bringen.

Für **ältere Senioren** scheint mir die Anlage wegen ihrer langen Laufzeit und wegen ihres spekulativen Charakters weniger geeignet.

2.2.10 Rentenfonds (Investmentfonds für Festverzinsliche): Eine beachtliche Möglichkeit, besonders in Verbindung mit einem Aufbaukonto!

Kurzcharakteristik:

Ein Rentenfonds ist ein Anlagenfonds, der von einer Kapitalanlagegesellschaft verwaltet wird und dessen Vermögen (beim reinen Rentenfonds) aus festverzinslichen Wertpapieren besteht, nämlich aus

- Anleihen
- Pfandbriefen
- Kommunalobligationen
- Schuldverschreibungen

Der Erwerber von Fondsanteilen ist mit einem Bruchteil am Vermögen des Rentenfonds beteiligt. Die Kapitalanlagegesellschaft ist gesetzlich verpflichtet, jederzeit die Fondsanteile zurückzukaufen.

Übrigens ...

... wer Interesse an Anlagen in fremden Währungen hat (zum Beispiel in US-Dollar, Schweizer Franken oder in Dänischen Kronen), aber das große Währungsrisiko scheut (siehe Kapitel 2.2.24 Fremdwährungsanlagen), kann sich einen Rentenfonds aussuchen, der ganz oder teilweise in fremden Währungen anlegt. Auf diese Weise kann das Risiko gut verteilt werden.

Rentenfonds

Eignungstest

Reale Substanzerhaltung	
Bonitätsrisiko	+
Marktrisiko	?
Geldwertrisiko	–
Subjektive Rentabilität	?
Liquidierbarkeit	+
Verwaltbarkeit	+
Steuervorteile	?
Kurs-Chancen, Spekulationsgewinne	+
Tauglichkeit für ältere Senioren	+

Die Kennzeichnung bedeutet:

+ = überwiegend positiv } zu beurteilen
– = überwiegend negativ } zu beurteilen
? = fraglich
0 = entfällt

Rentenfonds

Erläuterungen zur Beurteilung im Eignungstest

Da es sich bei dem Vermögen um Festverzinsliche Wertpapiere handelt, die wir unter der Überschrift „Renten (Anleihen und Pfandbriefe)“ besprochen haben, ist hier die Beurteilung gleich.

Das **Marktrisiko** muß auch hier mit einem Fragezeichen versehen werden, weil nach bisherigen Erfahrungen die Rentenfonds-Manager bei steigenden Zinsen (und damit verbundenem Rückgang der Kurse) auch nicht rechtzeitig verkaufen. Das wurde in den Jahren 89/90 sehr deutlich.

Bei der „Realen Substanzerhaltung“ im Hinblick auf das **Geldwertrisiko** muß an Folgendes gedacht werden:

Wenn die Rentenfonds in Veröffentlichungen über die Wertentwicklung der Anteile eine Wiederanlage der Ausschüttungen unterstellen, ist dies, auch wenn es ehrlich erwähnt wird, in meinen Augen eine Irreführung. Denn der Anleger muß grundsätzlich die Ausschüttungen versteuern. Diese Berechnungsmethode kommt darauf hinaus, als ob der Anleger in Höhe seiner Steuern eine weitere Anlage nachschiebt.

Bei der **subjektiven Rentabilität** mußte ich ein Fragezeichen setzen, weil die Kosten des Fonds die Erträge nicht unerheblich mindern.

Schon der Eintrittspreis von häufig 3% (in Form des Ausgabeaufschlags) verschlingt oft den Ertrag des ersten halben Jahres vollständig. Bei der Anlage größerer Beträge ermäßigen manche Fonds den Ausgabeaufschlag.

Außerdem: Die Verwaltungskosten werden, wenn die Fonds überhaupt darüber schreiben, in ein Verhältnis zum verwalteten Vermögen gesetzt. Das halte ich für problematisch. Die Verwaltungskosten müssen im Verhältnis zu den Erträgen betrachtet werden. Wenn ein Fonds 0,5% des Vermögens in Verwaltungskosten hat und seine Erträge vor Abzug der Verwaltungskosten 6,5% betragen, so belaufen sich die Verwaltungskosten auf rund 8% (nämlich 5 × 100 : 6,5) des Ertrages. Das ist viel. Die Frage ist, ob man als Anleger es nicht genau so gut kann wie die Fondsmanager; dann kann man diese Kosten sparen.

Bei der **Liquidierbarkeit** verdienen die Rentenfonds eigentlich ein doppeltes Pluszeichen.

Bei vielen Fonds kann man nämlich seine Anteile im Rahmen eines Aufbaukontos halten. Bei diesen Aufbaukonten kann man (meist einmal im Jahr) 90% seiner Anteile verkaufen und später wieder spesenfrei einzahlen.

Umgekehrt können Sie auch einen Einmalbetrag einzahlen und sich vierteljährlich oder monatlich einen bestimmten Betrag auszahlen lassen. Auf diese Weise haben Sie so etwas Ähnliches wie eine Leibrente, ggfs. ohne daß das Kapital angegriffen wird.

Bei der **Verwaltbarkeit** verdient der Rentenfonds auch ein doppeltes Pluszeichen, weil Sie nicht einmal den Erlös von zurückgezahlten Anleihen (wegen Zeitablauf) neu investieren müssen.

Kurschancen sind dann und insoweit gegeben, wenn die Wertpapiere im Fondsvermögen wegen eines allgemeinen Rückgangs der Zinsen im Kurswert steigen. Solche Wertsteigerungen sind steuerfrei. Diese Möglichkeit rechtfertigt das Fragezeichen in der Rubrik Steuervorteile.

Die **Tauglichkeit für ältere Senioren** kann ohne Bedenken positiv beurteilt werden, weil gute Verwaltbarkeit und spesenfreie „Zwischenrealisationen" (Verkauf und Rückkauf der Anteile) den Ausschlag geben.

2.2.11 Bausparen: Wenn Sie trotz Ihres Alters unbedingt später bauen wollen, eine brauchbare Methode!

Kurzcharakteristik:

Ein Bausparvertrag beinhaltet ein vertraglich vereinbartes regelmäßiges Ansparen von Guthaben bei einer Bausparkasse.

Das Ziel ist meist ein Eigenheim. Das ist ein langfristiges Vorhaben. Der Witz besteht darin, daß Bausparkassen sich mit einer II. Hypothek zur Sicherung ihrer späteren Darlehensforderung zufrieden geben. Diese II. Hypothek würden Sie sonst kaum bekommen, zumindest nicht zu erträglichen Bedingungen. Die Bausparhypotheken sind außerdem billig.

Bei der Vorliebe des Deutschen für ein Eigenheim ist die Summe der Bauspargelder (Ende 1989) mit rund 120 Milliarden oder knapp 5% des privaten Geldvermögens nicht so hoch, wie man annehmen könnte.

Übrigens . . .

. . . das Bausparen lohnt sich nur, wenn Sie wirklich bauen oder umbauen lassen wollen. Beispiel: Wenn Sie Ihr Eigenheim auch noch in höherem Alter bewohnen möchten, das Haus aber nicht altersgerecht gebaut wurde.

Bausparen

Eignungstest

Reale Substanzerhaltung	
Bonitätsrisiko	+
Marktrisiko	+
Geldwertrisiko	–
Subjektive Rentabilität	?
Liquidierbarkeit	–
Verwaltbarkeit	+
Steuervorteile	+
Kurs-Chancen, Spekulationsgewinne	0
Tauglichkeit für ältere Senioren	–

Die Kennzeichnung bedeutet:

+ = überwiegend positiv } zu beurteilen
– = überwiegend negativ } zu beurteilen
? = fraglich
0 = entfällt

Bausparen

Erläuterungen zur Beurteilung im Eignungstest

Bonitätsrisiko und **Marktrisiko** sind positiv zu beurteilen. Das **Geldwertrisiko** dürfen Sie nicht außer acht lassen, weil es sich um lange Zeiträume handelt.

Wenn Sie zur Jahrtausendwende ein Haus bauen wollen, das heute ohne Grundstück 500 000 DM kosten würde, wird es sehr wahrscheinlich dann 700 000 DM kosten.

Da das Bausparen letztlich zu einem Eigenheim führen soll, sollten Sie jetzt schon einmal das Kapitel 2.2.17 „Eigenheim" lesen.

Die **subjektive Rentabilität** ist gar nicht so leicht zu beurteilen. Üblicherweise bekommen Sie nur 2,5% Zinsen, die noch versteuert werden müssen. Andererseits brauchen Sie später nur wenig Schuldzinsen für Ihr Bauspardarlehen zu zahlen. Schließlich ist auch die Steuerbegünstigung des Bausparens zu berücksichtigen. Leider ab 1990 erheblich verringert. Ich muß nach all diesen Gesichtspunkten die subjektive Rentabilität als fraglich, aber sicher nicht als negativ einstufen.

Die **Liquidierbarkeit** ist eindeutig negativ. Aus einem Bausparvertrag herauszukommen, ist schwierig und teuer.

Die **Verwaltbarkeit** ist ohne Probleme. Steuervorteile sind, wie oben bei der subjektiven Rentabilität beschrieben, im Rahmen Ihrer Einkommensteuerveranlagung gegeben.

Die **Tauglichkeit für ältere Senioren** muß man wegen der Diskrepanz von Investitionsdauer und Lebenserwartung verneinen. (Als Familien-Gemeinschaftsunternehmen ist das Bausparen eventuell anders zu bewerten).

2.2.12 Lebensversicherung: Für Senioren nur in Ausnahmefällen geeignet!

Kurzcharakteristik:

Der Abschluß einer kapitalbildenden Lebensversicherung dient zwei Zwecken. Zunächst einmal sollen im Fall eines unerwarteten vorzeitigen Todes des Versicherungsnehmers die Erben über die vertraglich ausgemachte Summe verfügen können. Zum zweiten soll, ähnlich wie bei einem Sparvertrag, während der Laufzeit ein Kapitel gebildet werden, das mit Zinsen und Gewinnanteilen dem Versicherten zu einem festgelegten Zeitpunkt ausgezahlt wird.

Die Versicherungsprämie setzt sich zusammen aus:

- Risikoanteil
- Sparanteil
- Kosten

. . . der Versicherungsgesellschaft (einschließlich der beachtlich hohen Provisionen der Versicherungsvertreter).

Die Versicherungen sind in Deutschland verpflichtet, 90% ihrer Gewinne den Versicherten zukommen zu lassen. Dies geschieht in der Weise, daß Gewinnanteile der Versicherungssumme zugeschlagen werden.

Der Anteil der in Kapitalversicherungen gesparten Gelder ist bemerkenswert hoch. Ende 1989 erreichte er fast 600 Milliarden DM oder rund 21% des privaten Geldvermögens.

Wie bewährt sich die Lebensversicherung im Eignungstest?

Lebensversicherung

Eignungstest

Reale Substanzerhaltung	
Bonitätsrisiko	+
Marktrisiko	0
Geldwertrisiko	+
Subjektive Rentabilität	+
Liquidierbarkeit	–
Verwaltbarkeit	+
Steuervorteile	+
Kurs-Chancen, Spekulationsgewinne	0
Tauglichkeit für ältere Senioren	–

Die Kennzeichnung bedeutet:

+ = überwiegend positiv } zu beurteilen
– = überwiegend negativ } zu beurteilen
? = fraglich
0 = entfällt

Lebensversicherung

Erläuterungen zur Beurteilung im Eignungstest

Ein **Bonitätsrisiko** besteht bei den seriösen Versicherungsgesellschaften nicht.

Ein **Marktrisiko** entfällt.

Das **Geldwertrisiko** sollte in diesem Fall zusammen mit der **subjektiven Rentabilität** gesehen werden. Unter bestimmten Voraussetzungen sind die Zinsen und Gewinnanteile von der Einkommensteuer befreit. Das führt dazu, daß – im großen Durchschnitt gesehen – die Versicherungssumme sich ab 25 Jahren Vertragsdauer etwa verdoppelt. Das ist sehr beachtlich, wenn man bedenkt, daß von der geleisteten Prämie nur der Sparanteil (s.o.) mit seinen Zinsen zur Vergrößerung der Versicherungssumme beitragen kann. Außerdem müssen Sie berücksichtigen, daß ja nur die ersten Jahresprämien 25 Jahre Zinsen bringen können, die Prämien späterer Jahre entsprechend weniger lange Zeit. Andererseits klingt „Verdoppelung der Versicherungssumme" positiver als es ist: Damit wird nur eine (leider mit Sicherheit zu erwartende) jährliche Geldentwertung von durchschnittlich 3% ausgeglichen. Aber immerhin! Zumindest die Substanzerhaltung ist damit, sofern die steuerlichen Bedingungen beachtet werden, gegeben.

(Hierbei wird vorausgesetzt, daß die steuerlichen Bestimmungen nicht zuungunsten des Versicherungsnehmers geändert werden. Ein derartiger – erfolgloser – Versuch wurde 1989 bei der beabsichtigten Einführung der Quellensteuer unternommen.)

Die **Liquidierbarkeit** muß mit einem Minuszeichen versehen werden, weil bei einer – theoretisch möglichen – Kündigung durch den Versicherten die Kosten, die bei Abschluß des Vertrages angefallen waren, sehr ins Gewicht fallen.

Auch die beim Geldwertrisiko besprochenen **Steuervorteile** können bei vorzeitiger Kündigung verloren gehen.

Die **Verwaltbarkeit** ist positiv beurteilt. Für den Versicherten gibt es nichts zu verwalten, außer einmal im Jahr eine Benachrichtigung der Versicherung abzuheften (hoffentlich sind Ihre Akten in Ordnung!) und sich über die Höhe der Gewinnbeteiligung zu freuen, oder gegebenenfalls zu ärgern.

Steuervorteile (neben den oben bei der subjektiven Rentabilität besprochenen) entstehen auch dann, wenn Sie die Prämienzahlungen an die Versicherungsgesellschaft steuerlich als Sonderausgaben geltend machen können, falls die dafür vorgesehenen Höchstbeträge nicht schon erreicht sind.

Spekulationsgewinne entfallen.

Die **Tauglichkeit für ältere Senioren** muß negativ beurteilt werden. Um die oben erwähnten Steuervorteile, ohne die die Anlage „sich nicht rechnet", zu erzielen, muß mindestens 12 Jahre lang eingezahlt werden.

Übrigens . . .

. . . beim Abschluß eines Lebensversicherungsvertrages bedürfen Sie dringend eines neutralen Beraters. Sie brauchen nämlich ein Angebot, das Ihrer speziellen Situation gerecht wird.

2.2.13 Leibrente einer Versicherung: Die Erben gehen leer aus!

Kurzcharakteristik:

Das Wesen einer Leibrente besteht darin, daß Rentenzahlungen von einem „Leib“ (Leben) abhängig sind. Die Zahlungen erfolgen also nur, solange der Begünstigte lebt.

Gegen Zahlung einer Einmalprämie (auch Ansparen auf einen späteren Rentenbeginn ist möglich) verpflichtet sich eine Versicherungsgesellschaft, zu festgelegten Zeitpunkten eine bestimmte Rente zu zahlen.

Sie muß zahlen, auch wenn der Empfänger ein ungewöhnlich hohes Alter erlebt. Die Versicherung kassiert dafür das noch vorhandene eingezahlte Kapital, wenn jemand früh stirbt. Sie brauchen also kein Mitleid mit der Gesellschaft zu haben, wenn Sie Ihre bei Vertragsabschluß zu erwartende mittlere Lebensdauer um 20 oder 30 Jahre überschreiten.

Der Vertrag kann so abgeschlossen werden, daß bei einem frühen Todesfall ein Teil der Prämien an die Erben zurückgezahlt wird.

Übrigens . . .

. . . ich halte eine Leibrente in vielen Situationen für eine gute Anlage! Aber da gibt es eine psychologische Hemmung: Manche Anleger haben Angst, die Versicherung, die ihnen eine Leibrente verkauft, mache einen „Reibach“ (jiddischer Ausdruck für einen unverhältnismäßig hohen Gewinn), wenn sie früher sterben, als es ihrer statistischen Lebenserwartung entspricht. Übersehen Sie aber dabei bitte nicht, daß die Versicherung auch 20 oder mehr Jahre über Ihre statistische Lebenserwartung hinaus zahlen muß, wenn Sie ein sehr hohes Alter erreichen.

Leibrente

Eignungstest

Reale Substanzerhaltung	
Bonitätsrisiko	+
Marktrisiko	0
Geldwertrisiko	?
Subjektive Rentabilität	+
Liquidierbarkeit	–
Verwaltbarkeit	+
Steuervorteile	+
Kurs-Chancen, Spekulationsgewinne	0
Tauglichkeit für ältere Senioren	+

Die Kennzeichnung bedeutet:

+ = überwiegend positiv } zu beurteilen
– = überwiegend negativ } zu beurteilen
? = fraglich
0 = entfällt

Leibrente

Erläuterungen zur Beurteilung im Eignungstest

Bonitätsrisiko: Positiv. Das **Marktrisiko** entfällt. Das **Geldwertrisiko** hängt davon ab, wie weit die Gewinnbeteiligungen der Versicherungsgesellschaft die laufende Entwertung ausgleichen oder überschreiten. Diese Gewinnbeteiligungen können leider nicht vertraglich garantiert werden. Die Versicherungen sind aber intensiv bemüht, schon aus Gründen der Werbung, diese Gewinnbeteiligungen gegenüber den voranliegenden Jahren nicht absinken zu lassen.

Damit sind wir bei der **subjektiven Rentabilität**, die man zusammen mit den **Steuervorteilen** sehen muß. Wenn Sie bei Beginn der Rentenzahlungen 65 Jahre alt sind, besteht für Ihren Rentenanspruch keine Vermögensteuerpflicht.

Bei der Einkommensteuer bezahlen Sie die Steuern nur auf den Ertragsanteil (in diesem Fall 27%). Ist also die monatliche Rente 1 000 DM (plus Gewinnanteil), so werden nur DM 270,— der Besteuerung unterworfen. Zahlen Sie 30% Einkommensteuer, beträgt dann die Steuer auf die monatliche Rente von DM 1 000 nur 81 DM = 8,1%.

Die **Liquidierbarkeit** wurde mit einem Minuszeichen versehen, weil eine Kündigung des Versicherungsvertrages nach Beginn des Rentenbezugs nicht möglich ist.

Gerade dieser Umstand führt dazu, daß die **Tauglichkeit für ältere Senioren** mit einem Pluszeichen versehen ist. Das gilt vor allem für in finanziellen Dingen unerfahrene Witwen. Für sie kann es mitunter schwer sein, ihr Vermögen zu verteidigen. Eine gute Leibrente ist dann manchmal besser als Geld, Immobilien und Wertpapiere!

Die **Verwaltbarkeit** ist mit einem Pluszeichen versehen, weil Sie keinerlei Arbeit mit Ihrer Geldanlage haben.

2.2.14 Wandel- und Optionsanleihen: Zwitter zwischen Anleihen und Aktien!

Kurzcharakteristik:

Wandelanleihen (oder Wandelobligationen) sind Schuldverschreibungen, die unter bestimmten Voraussetzungen und Bedingungen in Aktien der betreffenden Gesellschaft umgewandelt werden können. Bei der Wandlung geht die Anleihe unter.

Bei der Optionsanleihe ist das Aktienbezugsrecht – anders als bei der Wandelanleihe – nicht untrennbar mit den Anleihen verbunden. Vielmehr bekommt der Käufer der Anleihe einen gesonderten Bezugsschein. Der – wie die Anleihe – einzeln gehandelt werden kann. Bei Ausübung des Bezugsrechts geht also die Anleihe nicht unter.

Wegen des tatsächlichen oder vermeintlichen Vorteils des Wandelsrechtes ist der Zinssatz erheblich niedriger als der übliche Marktzins.

Übrigens . . .

. . . haben wir hier das Ei des Kolumbus. Die Chancen der Aktien aber sind die Risiken der Festverzinslichen. Wenn das so wäre, würden die Wandelanleihen „weggehen wie warme Semmeln“. Natürlich ist es nicht so. Es ist zum Beispiel durchaus fraglich, ob das Wandelrecht so ausgestattet ist, daß während der Laufzeit ein Umsteigen in die Aktien lukrativ ist. Wenn es das nicht ist, haben Sie nur für die Laufzeit zu niedrige Zinsen gehabt.

Wandel- und Optionsanleihen

Eignungstest (vor Ausübung eines Bezugsrechts)

Reale Substanzerhaltung	
Bonitätsrisiko	+
Marktrisiko	?
Geldwertrisiko	–
Subjektive Rentabilität	–
Liquidierbarkeit	+
Verwaltbarkeit	–
Steuervorteile	0
Kurs-Chancen, Spekulationsgewinne	+
Tauglichkeit für ältere Senioren	?

Die Kennzeichnung bedeutet:

+ = überwiegend positiv } zu beurteilen
– = überwiegend negativ } zu beurteilen
? = fraglich
0 = entfällt

Wandel- und Optionsanleihen

Erläuterungen zur Beurteilung im Eignungstest

Bei der Beurteilung der Wandel- und Optionsanleihen scheiden sich die Geister. Die einen spotten, es würden die Nachteile beider Anlageformen (Aktien und Renten) miteinander verbunden. Die anderen sehen die Möglichkeit der Aktienspekulation ohne Sturz ins Bodenlose.

Nach der Ausübung des Bezugsrechts ist die Wandelanleihe untergegangen. Was bleibt, muß genau so beurteilt werden wie andere Aktien (siehe das folgende Kapitel 2.2.15).

Die Optionsanleihe ist nach Ausübung (oder Verkauf) des Bezugsrechtes nach denselben Gesichtspunkten zu beurteilen, wie eine andere Anleihe (siehe Kapitel 2.2.8 Renten).

Ich bin beim Leistungstest von einer Anleihe vor Ausübung des Bezugsrechts ausgegangen. Da haben wir es mit einer schlecht verzinslichen Anleihe zu tun und so auch mit einer schlechten **subjektiven Rentabilität**. Das ist sicher! Zugleich hat man mit dem Bezugsrecht einen Hoffnungswert, nämlich die Hoffnung, daß man Aktien weit unter dem Kurswert beziehen kann. Daher steht in der Zeile **Spekulationsgewinne** ein Pluszeichen.

Die **Liquidierbarkeit** ist gegeben, da börsennotiert.

Steuervorteile entfallen.

Wegen der schlechten **Verwaltbarkeit** (Beobachtung des Aktienmarktes, ob Wandlung sinnvoll ist) ist die **Tauglichkeit für ältere Senioren** mit einem Fragezeichen versehen.

2.2.15 Aktien: Der Aktienmarkt lebt von der Vergeßlichkeit der Aktionäre und von ihren Illusionen!

Kurzcharakteristik:

Die Aktie ist ein Wertpapier, das einen Anteil am Kapital einer Aktiengesellschaft verkörpert. Die Aktie sichert dem Eigentümer Stimmrecht in der Hauptversammlung und ein Recht auf Anteil am Gewinn zu. Auch an einem Liquidationsergebnis bei Auflösung der Aktiengesellschaft ist der Aktionär beteiligt.

Der Aktionär ist also am unternehmerischen Erfolg und Risiko beteiligt. „Die Aktie ist ein Sachwert. Sie repräsentiert einen Anteil an einem Unternehmen und ist daher wertbeständig", so hört man häufig.

Theoretisch stimmt das. Praktisch ist aber eine Aktie zumindest für die kleinen und mittleren Aktionäre eine nominale Geldforderung in Höhe des jeweiligen Börsenkurses (abzüglich Verkaufsspesen).

Das Recht auf einen Anteil am Gewinn wird dadurch problematisch, daß es auch bei gutem Willen sehr schwer ist, die Höhe des Gewinnes überhaupt festzustellen. Außerdem werden keinesfalls alle Gewinne ausgeschüttet!

Die Aktien erreichten Ende 1989 mit 185 Milliarden DM nicht einmal einen Anteil von 7% am privaten Geldvermögen. Erstaunlicherweise sind trotzdem die Aktienbörsen im Mittelpunkt des Interesses vieler Geldanleger.

Es bleibt die Hoffnung auf ein Ansteigen des Kurses an der Börse. Aber auch Rückgänge der Kurse bis 40% kommen vor. Die müssen erst einmal aufgeholt werden, ehe man von Gewinnen reden kann.

Aktien

Eignungstest

Reale Substanzerhaltung	
Bonitätsrisiko	?
Marktrisiko	?
Geldwertrisiko	+
Subjektive Rentabilität	–
Liquidierbarkeit	+
Verwaltbarkeit	–
Steuervorteile	?
Kurs-Chancen, Spekulationsgewinne	+
Tauglichkeit für ältere Senioren	?

Die Kennzeichnung bedeutet:

+ = überwiegend positiv } zu beurteilen
– = überwiegend negativ } zu beurteilen
? = fraglich
0 = entfällt

Aktien

Erläuterungen zur Beurteilung im Eignungstest

Vier Fragezeichen, zwei Minuszeichen und nur drei Pluszeichen! Ist das Schwarzseherei? Nein! Die Kennzeichnung soll nur auf die großen Risiken bei den Aktien aufmerksam machen.

Die Fragezeichen beim **Bonitätsrisiko** und beim **Marktrisiko** resultieren aus der Beteiligung am unternehmerischen Risiko.

Ob das Pluszeichen beim **Geldwertrisiko** voll berechtigt ist, darüber kann man streiten. Nicht immer ist das Ansteigen der Aktienkurse hoch genug, um die Geldentwertung auszugleichen.

Die **subjektive Rentabilität** ist meist (nicht immer, siehe die großen Chemieaktien) negativ zu beurteilen. Ausgeschüttete Gewinne sind nach Abzug von Einkommensteuer und Vermögensteuer gering.

Die technisch leichte **Liquidierbarkeit** ist positiv zu vermerken. Ob der Verkauf allerdings auch wirtschaftlich sinnvoll ist, hängt vom Kurs ab. Man muß also zumindest abwarten können.

Kauft man nur blue chips (Aktien eines erstklassigen Unternehmens) und nur für einen angemessenen Prozentsatz seines Vermögens, kann einem langfristig nicht viel passieren. Immerhin, im Auge behalten muß man die Kurse schon, und das ist auf die Dauer lästig. (Es sei denn, das wird Ihr Hobby). Daher habe ich die **Verwaltbarkeit** negativ beurteilt.

Steuervorteile entstehen dann, wenn man **Spekulationsgewinne** erzielt und die Aktien mehr als sechs Monate besitzt. Diese Spekulationsgewinne sind steuerfrei!

Die möglichen **Kurs-Chancen / Spekulationsgewinne** verlokken dann auch immer wieder risikobewußte Anleger! Warum auch nicht! Vorausgesetzt, der Anleger ist sich des Risikos wirklich bewußt und investiert nur einen kleinen Teil seines Vermögens.

Bei gründlicher Abwägung aller dieser Gesichtspunkte kann ich die **Tauglichkeit für ältere Senioren** nur mit einem Fragezeichen versehen.

Übrigens . . .

. . . bei Abwägung von allem Für und Wider: Spekulieren am Aktienmarkt kann ein schönes Hobby sein! Es kann für ältere Senioren geradezu lebensverlängernd wirken!

2.2.16 Aktienfonds: Hohe Gebühren sind keine Garantie gegen Verluste!

Kurzcharakteristik:

Ein Aktienfonds repräsentiert ein Vermögen, das von einer Kapitalanlagegesellschaft verwaltet wird. Der Erwerber von Fondsanteilen ist mit einem Bruchteil am Vermögen des Aktienfonds beteiligt. Die Kapitalanlagegesellschaft ist gesetzlich verpflichtet, jederzeit die Aktienanteile zurückzukaufen.

Bei einem reinen Aktienfonds (es gibt auch Mischformen) besteht das Vermögen nur aus Aktien. Dann gilt das soeben über Aktien Gesagte auch für Aktienfonds.

Ein großer Vorteil des Aktienfonds besteht darin, daß zur Verminderung des Risikos die Aktien breit gestreut werden können.

Übrigens . . .

. . . die Idee der Investmentfonds liegt nicht zuletzt in der breiten Verteilung des Risikos. Es gibt aber inzwischen Aktienfonds, die sich auf bestimmte Branchen oder Länder spezialisiert haben. Wenn das Fonds-Management Glück hat, kann eine solche Spezialisierung zu überdurchschnittlichen Gewinnen führen. Aber natürlich auch zu überdurchschnittlichen Verlusten!! Warum? Weil die Idee der Streuung verwässert wird.

Aktienfonds

Eignungstest

Reale Substanzerhaltung	
Bonitätsrisiko	+
Marktrisiko	?
Geldwertrisiko	+
Subjektive Rentabilität	–
Liquidierbarkeit	+
Verwaltbarkeit	+
Steuervorteile	?
Kurs-Chancen, Spekulationsgewinne	+
Tauglichkeit für ältere Senioren	+

Die Kennzeichnung bedeutet:

+ = überwiegend positiv } zu beurteilen
– = überwiegend negativ } zu beurteilen
? = fraglich
0 = entfällt

Aktienfonds

Erläuterungen zur Beurteilung im Eignungstest

Der Aktienfonds schneidet im Vergleich zu den (selbst gekauften) Aktien im Eignungstest besser ab.

Das **Bonitätsrisiko** ist geringer als bei Aktien, da eine größere Streuung möglich und üblich ist. Die reale Substanzerhaltung ist also besser gewährleistet.

Das **Marktrisiko** besteht genauso wie bei Aktien. Das **Geldwertrisiko** ist wie bei den Aktien positiv beurteilt.

Die **subjektive Rentabilität** muß wie bei Aktien mit einem Minuszeichen versehen werden.

Das viel besprochene Kurs/Dividenden-Verhältnis ist bei Aktien meist mager (nicht immer!).

Bei den Aktienfonds wird die Rentabilität noch durch die recht hohen Gebühren der Kapitalanlagegesellschaft verschlechtert. Das Eintrittsgeld in einen Aktienfonds (der Unterschied zwischen Ausgabepreis und Rücknahmepreis) ist hoch, oft sogar sehr hoch. (Warum eigentlich?) Und was die Verwaltungskosten der Fonds anbetrifft, muß man sie, genau wie bei den Rentenfonds, ins Verhältnis setzen, nicht etwa zum Vermögen des Fonds, sondern zu seinen Erträgen.

Hier gilt die Rechnung: Wenn die Verwaltungskosten jährlich 0,5% des Vermögens betragen, die Erträge aber beispielsweise 4%, dann betragen die Kosten schlicht 12,5% der Erträge. Und das ist natürlich reichlich viel. Deswegen sollte man, was die Kosten der einzelnen Fonds, vor allem was das „Eintrittsgeld“ anbetrifft, sorgfältig vergleichen. Einige Schweizer Aktienfonds sind deutlich bescheidener. Ein höherer Ausgabenaufschlag ist im übrigen keineswegs eine Gewähr für ein erfolgreicheres Arbeiten des Managements.

Wenn die Kapitalanlagegesellschaften ihre Erfolgszahlen vorlegen, muß man sehr genau hinschauen. So beziehen sie meist die Ausschüttungen in die Wertsteigerung ein. Dagegen spricht aber die Tatsache, daß die Ausschüttungen vom Anleger bei seiner Einkommensteuer berücksichtigt werden müssen. Wirtschaftlich gesehen investiert er in Höhe der Steuer zusätzlich in den Fonds.

Die **Liquidierbarkeit** ist gut, ist praktisch genauso gut wie bei Aktien, weil die Kapitalanlagegesellschaft zur Rücknahme verpflichtet ist.

Die **Verwaltbarkeit** ist positiv zu beurteilen, weil man sich nicht um seine Anteile zu kümmern braucht. Das gilt vor allem dann, wenn man ein direktes Anlagekonto bei der Kapitalanlagegesellschaft hat.

Steuervorteile können bei Spekulationsgewinnen entstehen.

Die **Kurs-Chancen/Spekulationsgewinne** sind genau wie bei den Aktien mit einem Pluszeichen versehen.

Unter Abwägung aller Gesichtspunkte kann die **Tauglichkeit für ältere Senioren** bejaht werden. Wer jedoch Spaß an der Verwaltung seiner Aktien hat, kann sich die erheblichen Kosten des Fonds sparen.

2.2.17 Eigenheim: My home is my castle. Ein castle ist freilich nie billig!

Kurzcharakteristik:

Ein Eigenheim ist eine selbst genutzte Eigentumswohnung oder ein selbstgenutztes Ein- vielleicht auch Zwei-Familienhaus.

Nach dem Auto ist das Eigenheim wohl des Deutschen liebstes Kind. Wir werden gleich lesen, wie es im Eignungstest abschneidet.

Dieser Eignungstest hat freilich den Nachteil, daß er auf rationalen Erwägungen beruht. Die Beurteilung des Wohnens im eigenen Heim ist aber weitgehend irrational beeinflußt. Das Irrationale hat aber gerade in diesem Fall eine ernst zu nehmende Bedeutung. Mit diesem Vorbehalt: Auf zum Eignungstest.

Übrigens . . .

. . . eigentlich sollte man beim Eigenheim stärker zwischen eigenem Haus und selbstgenutzter Eigentumswohnung unterscheiden; und zwar nicht so sehr aus finanziellen Überlegungen. Die persönlichen Umstände, wie Gesundheit und Zahl der zusammenlebenden Personen, gewinnen gerade bei älteren Menschen zunehmend an Bedeutung für die Frage, wie man wohnen will. Eine Eigentumswohnung ist nun einmal „pflegeleichter“ als ein Einfamilienhaus mit Garten! Vielleicht ist auch eine Witwe im eigenen Haus besonders einsam? Andererseits ist ein Jazztrompeter in der Nachbarwohnung sicher kein Vergnügen.

Eigenheim

Eignungstest

Reale Substanzerhaltung	
Bonitätsrisiko	0
Marktrisiko	?
Geldwertrisiko	+
Subjektive Rentabilität	–
Liquidierbarkeit	?
Verwaltbarkeit	?
Steuervorteile	+
Kurs-Chancen, Spekulationsgewinne	+
Tauglichkeit für ältere Senioren	+

Die Kennzeichnung bedeutet:

+ = überwiegend positiv } zu beurteilen
– = überwiegend negativ } zu beurteilen
? = fraglich
0 = entfällt

Eigenheim

Erläuterungen zur Beurteilung im Eignungstest

Das **Bonitätsrisiko** entfällt. Ihr Eigenheim ist so gut, wie Sie es gebaut haben. Der kaum feststellbare, aber auf lange Zeit nicht zu übersehende Wertverzehr darf jedoch nicht übersehen werden.

Das **Marktrisiko** habe ich auf Grund meiner Erfahrungen mit einem Fragezeichen versehen. Die Verkäuflichkeit vor allem großzügig gebauter Eigenheime ist nicht selten problematisch.

Das **Geldwertrisiko** habe ich mit einem Pluszeichen versehen, weil die Baukosten erfahrungsgemäß schneller steigen als die Geldentwertung.

Zur **subjektiven Rentabilität**: Das Gefühl, im Eigenheim wohnen zu können, ist für manche unbezahlbar. Dieses Gefühl entzieht sich einer nüchternen Bewertung. Diese aber sieht so aus:

Der Werbespruch: „Zahlen Sie die Miete in Ihre eigene Tasche" ist mehr als irreführend. Im eigenen Haus wohnt man teuer, sehr teuer. Meine ein wenig provozierende Faustformel lautet: Wenn Sie ein Haus für 800 000 DM kaufen und davon 150 000 DM auf das Grundstück und 650 000 DM auf das Haus entfallen, so beträgt Ihr jährlicher Mietaufwand – wenn Sie richtig rechnen – rund 8% von 800 000 DM = 64 000 DM.

Bei einer illusionslosen Rechnung müssen Sie nämlich berücksichtigen:

– Zinsen – einschl. Disagio – auf geliehenes Kapital, nicht jedoch die Tilgung,

– entgangene Zinsen auf eigenes Kapital,

– Abschreibungen für Wertverzehr des Gebäudes,

- Steuern und Gebühren, die Sie als Mieter nicht zu zahlen brauchen,
- Reparaturen, die erfahrungsgemäß spätestens nach 10 Jahren anfallen und um Teil viel Geld kosten. Bei Eigentumswohnungen reicht die sogenannte Instandhaltungsrücklage meist schon bei der ersten Dachreparatur nicht aus,
- Wohngeld (gilt nur für Eigentumswohnungen).

Die **Liquidierbarkeit** habe ich mit einem Fragezeichen versehen. Zum Verkauf – zu einem angemessenen Preis – gehört oft viel Geduld.

Auch die **Verwaltbarkeit** muß man wohl mit einem Fragezeichen versehen, es sei denn, man „werkelt" gerne und hat das Geschick dazu.

Die **Steuervorteile** sind bekannt. Sie bestehen vor allem darin, daß man für Jahre mehr steuerlich abschreiben kann, als dem Wertverzehr entspricht.

Die Möglichkeit von **Spekulationsgewinnen** ist groß.

Die **Tauglichkeit für ältere Senioren** hängt beim Einfamilienhaus vor allem davon ab, ob die Größe noch den Erfordernissen und Bedürfnissen entspricht und ob man genügend Hilfskräfte hat. Sparen an der Hilfe für die Hausfrau ist eine sehr übliche, aber durchaus negativ zu beurteilende „Investition".

2.2.18 Miethäuser: Sind Sie auf Dauer dem Ärger gewachsen?

Kurzcharakteristik:

Sie können Häuser oder Eigentumswohnungen kaufen oder bauen, um sie zu vermieten. Die Mieten, die Sie erzielen, sollen dann die dem Eigentümer entstehenden Kosten und den laufenden Wertverzehr (Abschreibungen) decken. Darüber hinaus sollen die Mieten eine angemessene Verzinsung Ihres eingesetzten Kapitals bringen. Steuervorteile sind von Bedeutung.

Übrigens . . .

. . . ähnlich, wie bei der Verwaltung eines Aktiendepots, gilt auch hier: Der Zeitaufwand, den der Vermieter aufbringen muß, kann durchaus erwünscht sein! Wenn Ihnen eine Hausverwaltung einschließlich der Durchsetzung von Mieterhöhungen und Beschäftigung von Handwerkern Spaß macht, kann das zu einem Hobby werden. Wie jedes andere, so kann dann auch dieses Hobby Ihrer Gesundheit förderlich sein.

Miethäuser

Eignungstest

Reale Substanzerhaltung	
Bonitätsrisiko	0
Marktrisiko	?
Geldwertrisiko	+
Subjektive Rentabilität	?
Liquidierbarkeit	?
Verwaltbarkeit	–
Steuervorteile	+
Kurs-Chancen/ Spekulationsgewinne	+
Tauglichkeit für ältere Senioren	–

Die Kennzeichnung bedeutet:

\+ = überwiegend positiv } zu beurteilen
– = überwiegend negativ } zu beurteilen
? = fraglich
0 = entfällt

Miethäuser

Erläuterungen zur Beurteilung im Eignungstest

Ein **Bonitätsrisiko** entfällt, es sei denn, daß Sie beim Bau oder Kauf über's Ohr gehauen würden!

Das Fragezeichen beim **Marktrisiko** soll darauf aufmerksam machen, daß es keineswegs sicher ist, ob Sie bei einem Verkauf unter Berücksichtigung aller Kosten das von Ihnen investierte Geld wieder herausbekommen.

Immerhin haben Sie wegen der auf längere Sicht immer steigenden Baukosten eine gute Chance. Mögliche Verschlechterungen der Lage Ihrer Immobilie können die Chancen vermindern. Auch steigende Qualitätsansprüche bei neuen Bauten können den Marktpreis Ihrer Immobilie ungünstig beeinflussen.

Damit ist auch schon das Notwendige über das **Geldwertrisiko** gesagt. Damit das von mir eingesetzte Pluszeichen gerechtfertigt ist, muß der Verkaufspreis Ihrer Immobilie im Durchschnitt jährlich um 3% steigen. Das muß nicht sein, kann aber sein. Wenn Sie rechtzeitig in Ballungszentren, z. B. Frankfurt oder Umgebung investiert haben, hat sich Ihr Einsatz vielleicht vervielfacht.

Die **subjektive Rentabilität** ist höchstens mit einem Fragezeichen, wenn nicht mit einem Minuszeichen zu bewerten. (Wohl gemerkt: wir sprechen hier nicht von Büroräumen, sondern von Wohnungen).

Natürlich können Sie sich leicht eine leidliche Rendite ausrechnen, wenn Sie den Wertverzehr außer acht lassen. Wenn Sie also nicht jährlich 2% Abschreibungen rechnen. Aber ist das nicht eine große Illusion? Was meinen Sie, in welchem Zustand die Häuser von 1990 im Jahre 2040 sein werden? Sie brauchen sich nur einmal Häuser anzusehen, die 35 oder 30 Jahre alt sind. Es wird nicht mehr für 100 Jahre gebaut, wie zu Beginn unseres Jahrhunderts!

Wichtig ist außerdem noch der Hinweis auf die in der Bundesrepublik Deutschland sehr mieterfreundliche Gesetzgebung und Rechtsprechung. Beides kann man als sozial und politisch denkender Mensch vielleicht bejahen, bei der Geldanlage darf man aber diesen Faktor nicht übersehen. Der allgemeine Rückgang des privaten Miet-Wohnungsbaus zeigt im übrigen deutlich, daß eine solche Geldanlage in den letzten zwanzig Jahren zunehmend an Beliebtheit verloren hat.

Die Frankfurter Allgemeine schreibt dazu am 4. Juli 1990 (kpk): Unter der Überschrift „Mit der Schrotflinte".

„Deutsche Wohnungspolitiker sind gegenwärtig wie Amokläufer. Sie schießen zwar nicht, sondern reglementieren nur, aber ebenso wild drauflos. Zielscheibe ist alles, was Wohnraum baut und vermietet: Wer baut, wird mit Verbilligungen überschüttet. Wer das Gebaute vermietet, der wird in ein noch engeres bürokratisches Fangnetz eingewickelt. Damit wird der Mieterschutz überzogen, und den Vermietern vergeht die Lust noch mehr."

Die **Liquidierbarkeit** muß mit einem Fragezeichen versehen werden. Für einen Verkauf brauchen Sie viel Geduld. Wenn Sie Pech haben, kommen Sie mit Ihren Verkaufsabsichten in die Zeit eines Käufermarktes, wenn Sie Glück haben, ist es umgekehrt.

Die **Verwaltbarkeit** muß mit einem Minuszeichen beurteilt werden. Der Bau oder Kauf von Mehrfamilienhäusern galt früher als eine gute Altersvorsorge und Witwenversorgung. Aus vielfältigen Erfahrungen kann ich vor dieser Überlegung nur warnen. Wenn Sie es sich nicht als Lebensaufgabe setzen, Wohnungen zu verwalten, werden Sie viel Zeit brauchen und sich Ärger, sehr viel Ärger einhandeln.

Die **Steuervorteile** sind positiv zu bewerten. Zwar handelt es sich nicht um endgültige Steuerminderungen, sondern um Aufschub von Steuerzahlungen. Aber dieser Aufschub ist für die Finanzierung beim Bau oder Kauf von erheblicher Bedeutung.

Die Möglichkeit von **Spekulationsgewinnen** ist groß. Das oben beschriebene Marktrisiko darf natürlich nicht übersehen werden.

Die **Tauglichkeit für ältere Senioren** beurteile ich negativ wegen der Fragezeichen bei Marktrisiko und Rentabilität. Vor allem aber wegen der negativen Beurteilung der Verwaltbarkeit. Das Einsetzen eines Verwalters ist teuer und lohnt sich meist nur, wenn Sie Eigentümer zahlreicher Immobilien sind.

2.2.19 Immobilienfonds (offene deutsche): Immobilienbesitz ohne Ärger, jedoch hohe Eintrittskosten!

Kurzcharakteristik:

Ein Immobilienfonds ist ein Anlagefonds, dessen Vermögen in bebauten und unbebauten Grundstücken besteht. Die Fonds achten bei ihren Investitionen auf Streuung bezüglich der geographischen Lage und der Art der Gebäude (Gewerbegrundstücke, Verwaltungsgebäude, Mietwohngrundstücke).

Der Anleger ist über seine Anlagezertifikate an dem Vermögen beteiligt, ist also gewissermaßen Sachwertbesitzer.

Die meisten deutschen Immobilienzertifikate kosten weniger als 100 DM. Auch kleinere Beträge kann man also mit dem Kauf dieser Zertifikate sinnvoll anlegen.

Übrigens . . .

. . . offene Immobilienfonds sind wegen der meist hohen Ausgabeaufschläge nur als langfristige Anlage geeignet. Der Aufschlag verteilt sich nämlich dann, wirtschaftlich gesehen, auf die Erträge vieler Jahre. Die hohen Ausgabeaufschläge können Sie beim Kauf einer größeren Anzahl von Zertifikaten herunterhandeln. Sie sollten das auch tun; denn die „Eintrittskosten" sind, wenn überhaupt, nur bei kleinen Käufen vertretbar. Wenn es bei Ihrer Hausbank nicht geht, sollten Sie keine Scheu haben, bei anderen Banken nachzufragen. Wenn Sie mit Angestellten einer Bank verhandeln, stehen Ihnen Verkäufer gegenüber, nicht aber „Respektspersonen".

Immobilienfonds (offene)

Eignungstest

Reale Substanzerhaltung	
Bonitätsrisiko	+
Marktrisiko	+
Geldwertrisiko	+
Subjektive Rentabilität	?
Liquidierbarkeit	+
Verwaltbarkeit	+
Steuervorteile	0
Kurs-Chancen, Spekulationsgewinne	+
Tauglichkeit für ältere Senioren	+

Die Kennzeichnung bedeutet:

+ = überwiegend positiv } zu beurteilen
– = überwiegend negativ } zu beurteilen
? = fraglich
0 = entfällt

Immobilienfonds (offene)

Erläuterungen zur Beurteilung im Eignungstest

Eine der ganz wenigen Anlageformen, die im Eignungstest kein einziges Mal von mir negativ beurteilt werden.

Die **reale Substanzerhaltung** kann bei einem (deutschen oder schweizerischen) Immobilienfonds als gegeben angenommen werden.

Die **subjektive Rentabilität** ist an sich auch gut, zumal nur Teile der Ausschüttung versteuert werden müssen. Störend machen sich bei der Berechnung der Rentabilität die hohen „Eintrittskosten" der Fonds bemerkbar. Der Ausgabeaufschlag bei deutschen Fonds beträgt häufig 5% (in der Schweiz wesentlich günstiger!). Das ist meist mehr als der Ertrag eines ganzen Jahres! Dabei muß man noch bedenken, daß die Ausschüttungen teilweise versteuert werden müssen. Der gezahlte Ausgabeaufschlag dagegen kann bei der Steuer nicht berücksichtigt werden.

Bei der **Liquidierbarkeit** zeigt sich die ganze Stärke der offenen Immobilienfonds.

Der offene Immobilienfonds schafft es, eine Anlage in unbeweglichen Immobilien beweglich zu machen. Denn Sie können Anteile an einem deutschen offenen Immobilienfonds fast jederzeit an die Fondsgesellschaft zurückverkaufen, ohne dabei Verluste zu erleiden. (Allerdings geht der beim Kauf der Anteile gezahlte Ausgabeaufschlag dann verloren). Diese Mobilität von Immobilien ist eine großartige Sache.

Auch die **Verwaltbarkeit** ist uneingeschränkt positiv zu beurteilen. Dies vor allem, wenn man weiß, wieviel Zeit und Ärger es kosten kann, selbst Immobilien zu verwalten. Mit Immobilienzertifikaten dagegen gibt es keinerlei Arbeit.

Steuervorteile entstehen dadurch, daß Sie einen Teil der Ausschüttungen der Fonds nicht zu versteuern brauchen.

Kurs-Chancen bestehen durchaus, denn die Anteile der bekannten Fonds pflegen Jahr für Jahr im Wert zu steigen, worin sich das Steigen der Immobilienpreise widerspiegelt.

Die **Tauglichkeit für ältere Senioren** kann uneingeschränkt positiv beurteilt werden!

2.2.20 Immobilienfonds (geschlossene): Nur für starke Nerven!

Kurzcharakteristik:

Man spricht vom geschlossenen Immobilienfonds, weil nur Anteile gekauft werden können, bis die Finanzierung des Objektes gesichert ist.

Der Anteilsinhaber hat ein direktes Teileigentum am Objekt, mit der wichtigen Rechtsfolge, daß der Anteilsinhaber ggf. über seine Einlage hinaus haftet!

Eine Fondsgesellschaft plant das Objekt, überwacht die Bauausführung und sorgt für die Vermietung.

Die geschlossenen Immobilienfonds werben lautstark mit Verlustzuweisungen, die bei den Anteilseignern zu einer Verminderung der Einkommensteuer führen (sollen).

Das klingt doch ganz gut!

Was sagt dazu der Eignungstest?

Übrigens . . .

. . . wenn Sie sich an einem geschlossenen Immobilienfonds beteiligen wollen, dann achten Sie darauf, daß Sie wirtschaftlich starke Partner haben, am besten deutsche Banken. Außerdem, vergessen Sie nicht: Steuerersparnisse allein sind kein Grund für eine Anlageentscheidung!

Immobilienfonds (geschlossene)

Eignungstest

Reale Substanzerhaltung	
Bonitätsrisiko	?
Marktrisiko	?
Geldwertrisiko	+
Subjektive Rentabilität	?
Liquidierbarkeit	–
Verwaltbarkeit	+
Steuervorteile	?
Kurs-Chancen, Spekulationsgewinne	+
Tauglichkeit für ältere Senioren	–

Die Kennzeichnung bedeutet:

+ = überwiegend positiv } zu beurteilen
– = überwiegend negativ } zu beurteilen
? = fraglich
0 = entfällt

Immobilienfonds (geschlossene)

Erläuterungen zur Beurteilung im Eignungstest

Das **Bonitätsrisiko** ist mit einem Fragezeichen versehen. Nur wenn eine Ihnen bekannte seriöse Gesellschaft mitspielt, kann hier ein Pluszeichen eingesetzt werden.

Natürlich muß man in diesem Zusammenhang auch die Frage stellen, ob die Anschaffungs- und Herstellungskosten für ein Grundstück mit Gebäude den Marktpreisen entsprechen oder ob schon bei der Anschaffung des Grundstücks – genaugenommen vor der Anschaffung – ein „Geschäft" gelaufen ist. (Nämlich dadurch, daß einer der Organisatoren des Fonds oder eine ihm nahestehende Person ein Grundstück zu einem über dem Marktpreis liegenden Preis an den Fonds verkauft)!

Das **Marktrisiko** bleibt auch dann, wenn an der Seriosität der Beteiligten kein Zweifel besteht. Die Wirtschaftlichkeit des Objektes und die Qualität des Fondsmanagements sind ausschlaggebend.

Ein spezielles **Geldwertrisiko** besteht nicht.

Bei der **subjektiven Rentabilität** können Sie/müssen Sie davon ausgehen: Eine Wirtschaftlichkeitsberechnung sieht immer besser aus, als die späteren tatsächlichen Zahlen. Man sollte sehr darauf achten, daß die Wirtschaftlichkeitsberechnung auch **ohne** Steuervorteile stimmt.

Die **Liquidierbarkeit** muß negativ beurteilt werden. Im Gegensatz zum offenen Immobilienfonds (siehe Kapitel 2.2.19) gibt es beim geschlossenen Immobilienfonds die Mobilität von Immobilien nicht. Es handelt sich immer um eine langfristige Investition, aus der man nur schwer aussteigen kann.

Bei der **Verwaltbarkeit** gibt es keine Probleme. Das macht alles die Fondsgesellschaft. Natürlich nicht gratis.

Bei der Zeile **Steuervorteile** kann ich mich nicht zu einer positiven Beurteilung durchringen. Wenn man legal Steuern sparen kann, ist das eine großartige Sache. Aber nur dann, wenn die Anlage wirtschaftlich o.K. ist. Sonst bringen die viel gerühmten Verlustzuweisungen, die zu Steuerersparnissen führen sollen, eben nur Verluste. Welcher Anleger sollte das wollen! Ob sich die Anlage bei Ihnen steuerlich wirklich rechnet, können Sie nur mit Ihrem Steuerberater klären.

Spekulationsgewinne können, wie bei allen Immobilien, entstehen, wenn Lage und Bauausführung stimmen. Nicht nur jetzt, sondern auch noch in 10 Jahren.

Die **Tauglichkeit für ältere Senioren** muß ich wegen der Langfristigkeit der Investition und wegen der beachtlichen Risiken, vor allem auch wegen einer eventuellen Haftung negativ beurteilen.

2.2.21 Gold: Wirklich wertbeständig?!

Kurzcharakteristik:

Gold ist ein von Sagen umwobenes, faszinierendes Edelmetall. Seit vielen Jahrhunderten ist es eine beliebte Form der Geldanlage. Für viele ist es der Inbegriff der Solidität. Von manchen Bürgern wird der Wert des üblichen Papiergeldes daran gemessen, wie weit das Papiergeld in Gold gedeckt ist. Dieser Gedanke ist freilich nur noch eine Erinnerung an alte Zeiten.

Als Form der Geldanlage ist das Gold vor allem als Barrengold üblich; oder als Goldzertifikat, das einen Anspruch auf Lieferung von Gold garantiert. Im Gegensatz zu anderen Ländern müssen Sie in Deutschland beim Kauf von Goldbarren Mehrwertsteuer (derzeit 14%) bezahlen.

Deswegen erfolgen solche Käufe von Anlegern praktisch nicht in Deutschland.

Übrigens . . .

. . . wenn Goethe das Gretchen im Faust sagen läßt:

„Nach Golde drängt,

Am Golde hängt

Doch alles. Ach wir Armen!“

wollte er damit natürlich nicht sagen, daß eine Anlage in Gold grundsätzlich schlecht ist! Er wollte damit nur vor einer Überbewertung materieller Güter gegenüber immateriellen warnen. Senioren, vor allem ältere, haben das schon längst begriffen. Diese Erkenntnis ist aber kein Hinderungsgrund, 5 bis 10% des Vermögens in Gold zu halten, sei es als Krisenanlage, sei es zu spekulativen Zwecken.

Gold

Eignungstest

Reale Substanzerhaltung	
Bonitätsrisiko	+
Marktrisiko	–
Geldwertrisiko	?
Subjektive Rentabilität	0
Liquidierbarkeit	+
Verwaltbarkeit	+
Steuervorteile	0
Kurs-Chancen, Spekulationsgewinne	+
Tauglichkeit für ältere Senioren	+

Die Kennzeichnung bedeutet:

+ = überwiegend positiv } zu beurteilen
– = überwiegend negativ } zu beurteilen
? = fraglich
0 = entfällt

Gold

Erläuterungen zur Beurteilung im Eignungstest

Mancher Leser wird sich wundern, daß das Gold bei der Beurteilung der realen Substanzerhaltung so schlecht wegkommt. Die allgemeine Meinung über Gold ist stark von Vorurteilen und auch von Emotionen beeinflußt.

Ein **Bonitätsrisiko** besteht nicht: Gold bleibt Gold.

Das **Marktrisiko** ist erheblich: Ein Kilogramm Gold kostete in Frankfurt Ende Januar 1985 rd. 30.500 DM. Ende Mai 1990 knapp 20 000 DM. Das ist ein Verlust von einem Drittel. Natürlich kann es auch wieder einmal anders kommen!

Der Anleger muß wissen, daß zwei Entwicklungen eintreten müssen, wenn er am Gold gewinnen will:

1. Das Gold muß im Wert steigen und

2. der US-Dollar muß konstant bleiben oder auch im Wert steigen, oder:

1. Der US-Dollar muß steigen und

2. der Wert des Goldes darf nicht zurückgehen.

Denn: Gold wird immer über US-Dollar abgerechnet. Im übrigen: Ob gegenwärtig Gold teuer oder billig ist, kann man nur im Hinblick auf die Vergangenheit, aber niemals im Hinblick auf die Zukunft sagen.

Auch das **Geldwertrisiko** kann für Gold (das angeblich so wertbeständige) nicht mit einem Pluszeichen versehen werden; denn zu den eben geschilderten Preisrückgängen von 1985 bis 1990 kommen noch jährlich rd. 3% Geldentwertung = 15%.

Die **subjektive Rentabilität** ist negativ. Das Gold bringt keine Erträge, kostet aber 0,5% Vermögensteuer und außerdem die gar nicht so geringen Aufbewahrungskosten im Bankdepot. (Es sei denn, Sie legen das Gold für den nächsten Einbruch parat, oder Sie haben einen Panzerschrank.)

Die **Liquidierbarkeit** kann positiv beurteilt werden. Gold ist der einzige Sachwert, für den es überall in der Welt an jeder Börse einen funktionierenden Markt gibt.

Die **Verwaltbarkeit** von Gold im Depot bietet keine Probleme.

Kurs-Chancen / Spekulationsgewinne sind eindeutig zu bejahen, denn unabhängig von der sinkenden Tendenz 1985/1990 waren in dieser Zeit oft 10% oder 15% ziemlich schnell zu verdienen, und zwar durch das Schwanken des Goldpreises.

Die **Tauglichkeit für ältere Senioren** kann durchaus bejaht werden, zumal ältere Menschen oft ein ausgeprägtes Sicherheitsbedürfnis haben. Vielleicht sollten die Senioren dann aber nicht zu genau lesen, was ich soeben über Gold geschrieben habe.

2.2.22 Diamanten: Geeignet zur Nutzung als Brillanten, aber nicht zum Wiederverkauf!

Kurzcharakteristik:

Er ist der härteste Stein der Welt. Als solcher ist er für industrielle Zwecke von Bedeutung. Er ist der beliebteste Edelstein, wenn er durch den Brillant – Schliff zum Brillanten geworden ist. Er ist die einzige Möglichkeit, „auf kleinstem Raum große Werte anzuhäufen“. Zusammen mit Kunstgegenständen und selbstgenutztem Eigenheim sind Brillanten die einzige Form der Geldanlage, die einen unmittelbaren Gebrauchswert hat.

Kauf über freie Händler an einer Diamantenbörse, nicht etwa beim Juwelier, außer wenn es sich um Schmuck handelt. Kein Kauf ohne Expertise!

Übrigens . . .

. . . bei Diamanten steht und fällt der Wert mit der Lupenreinheit. Leider ist dieser Begriff nicht für alle Zeiten feststehend. Seitdem seit einigen Jahren bessere Mikroskope zur Prüfung der Lupenreinheit eingesetzt werden, gilt manch ein Diamant nicht mehr als 100% lupenrein, der es vorher war. Was ist, wenn die Mikroskope noch besser werden?

Diese Überlegung sollte Sie, verehrte Leserin, aber nicht hindern, sich an dem schönen Brillantring zu freuen, den Sie zur Verlobung bekommen haben!

Diamanten

Eignungstest

Reale Substanzerhaltung	
Bonitätsrisiko	0
Marktrisiko	–
Geldwertrisiko	?
Subjektive Rentabilität	0
Liquidierbarkeit	–
Verwaltbarkeit	+
Steuervorteile	0
Kurs-Chancen, Spekulationsgewinne	+
Tauglichkeit für ältere Senioren	?

Die Kennzeichnung bedeutet:

+ = überwiegend positiv } zu beurteilen
– = überwiegend negativ } zu beurteilen
? = fraglich
0 = entfällt

Diamanten

Erläuterungen zur Beurteilung im Eignungstest

Das **Bonitätsrisiko** entfällt dann, wenn eine einwandfreie Expertise eines anerkannten Fachmannes vorliegt.

Das **Marktrisiko** ist groß. Es gab Preisrückgänge um 70% für die besonders beliebten lupenreinen Einkaräter in den achtziger Jahren dieses Jahrhunderts!

Damit ist auch schon das Fragezeichen beim **Geldwertrisiko** erklärt. Denn zu dem Preisrückgang kommt ja noch die Geldentwertung!

Von **subjektiver Rentabilität** kann mangels Erträgen auch nicht gesprochen werden. (Von Vermögensteuer ganz zu schweigen.)

Bei der **Liquidierbarkeit** muß man eigentlich ein mehrfaches Fragezeichen setzen. Im Gegensatz zum Gold ist es außerordentlich schwierig, Diamanten überhaupt zu verkaufen.

Steuervorteile sind nicht gegeben.

Spekulationsgewinne können eintreten, vor allem, wenn sehr schlechte Zeiten kommen. Aber auch dann muß man erst noch wieder warten, bis die Zeiten nicht mehr ganz so schlecht sind und es potente Käufer gibt.

Unter Berücksichtigung aller dieser Gesichtspunkte muß ich in der Rubrik **Tauglichkeit für ältere Senioren** ein dickes Fragezeichen einsetzen.

2.2.23 Optionsgeschäfte: Spekulative Anlagen? Fast alle Anlagen sind irgendwie auch spekulativ!

Kurzcharakteristik und Kurzbeurteilung:

Eigentlich habe ich etwas gegen die Ausdrücke „Spekulation“ oder „Spekulative Anlagen“. Vor allem, wenn mit solchen Ausdrücken eine negative Beurteilung einhergeht oder man so deutlich einen erhobenen Zeigefinger sieht. Spekulieren heißt nämlich nichts anderes, als zu versuchen, aus einer für die Zukunft zu erwartenden Marktveränderung Nutzen zu ziehen. Der Häuslebauer hofft auch, daß sein Haus immer wertvoller wird!! Und wenn Sie glauben, daß in der nächsten Woche im Ausverkauf der Pulli billiger wird, warten Sie vielleicht auch ab!!

Dieses Buch ist vor allem für Senioren geschrieben, und nicht für Profis, die glauben, den Preis von Schweinebäuchen, Weizen oder Kaffee in 3 Monaten vorhersehen zu können. Private Spekulanten aber haben so wenig Ahnung von diesen Märkten, daß es für sie ein reines Glücksspiel ist.

Man könnte auch wetten, wie hoch in hundert Tagen in Frankfurt die Tagestemperatur mittags um 12 sein wird! Ich glaube nicht, daß sich viele Senioren für eine solche Anlageform interessieren würden!

Vernünftig dagegen ist der Kauf von Kauf- und Verkaufsoptionen für bestimmte Aktien, der in Deutschland in den letzten Jahren etwas in Gang gekommen ist. Dabei erwirbt man z. B. nicht Aktien der Deutschen Bank, sondern das Recht, diese Aktien in einem bestimmten Zeitraum zu einem festgesetzten Kurs erwerben zu können. Die dabei bestehenden komplizierten Regeln klären Sie am besten bei Ihrer Bank.

Statt eines **Leistungstests** gebe ich Ihnen eine kurze allgemeine Beurteilung von Kaufoptionen für Aktien:

„Hohe Gewinnchancen, grundsätzlich hohes Risiko, aber begrenzter Einsatz". Dabei sollte man die Worte „begrenzter Einsatz" betonen. Denn hohe Gewinnchancen sind immer mit hohem Risiko verbunden, bei jeder Anlage!!

Man muß natürlich als Käufer von Optionen die Entwicklung im Auge behalten, um ggf. die Option auszuüben, oder auch noch zu warten. Wird der Gewinn vielleicht noch größer? Weil man also auf der „Lauer liegen" muß, kann die **Verwaltbarkeit** und damit die **Tauglichkeit für ältere Senioren** nicht uneingeschränkt bejaht werden.

1990 wurde in Deutschland ein Optionsfonds eingeführt, also ein Investmentfonds, der sich vor allem mit Optionsgeschäften befaßt. Wenn Sie diese Fonds-Anteile kaufen, entfallen die soeben genannten Nachteile bezüglich Verwaltbarkeit und Tauglichkeit für ältere Senioren.

2.2.24 Fremdwährungsanlagen: Sicher doppeltes Risiko, vielleicht doppelte Chancen! Nebenkosten und Nervenverbrauch beachten!

Kurzcharakteristik:

Viele Anlageformen wie Girokonten, Lebensversicherungen, Leibrenten, Anleihen, Zerobonds, aber auch Aktien und Investmentfonds kann man nicht nur in DM, sondern auch in anderen Währungen, z. B. Schweizer Franken oder US-$ kaufen.

Für diese Anlageformen gilt das gleiche, was wir schon über die einzelnen Anlageformen gelesen haben, aber mit einem großen Unterschied. Zu den immer vorhandenen Chancen und Risiken einer Anlageform kommen noch Währungs-Chance und Währungs-Risiko.

Der US-$ kostete Anfang 1985 fast DM 3,30. Im Mai 1990 nur DM 1,65. Der in DM denkende und rechnende Anleger, der eine Anlageform in US-$ gewählt hat, verlor also 50%.

Dem stehen gegenüber z. B. die (damals recht hohen) Zinsen von 13%. Das macht in 5 Jahren 65% (Zinseszinsen unberücksichtigt) die aber durch die 50% Verluste des US-$ gegenüber der DM gemindert werden. Es bleiben also nur 15% für 5 Jahre oder pro Jahr 3%.

Die 13% pro Jahr müssen nun noch der Besteuerung unterzogen werden! Den Kursverlust dagegen kann man bei der Steuer nicht geltend machen. Was bleibt, reicht keineswegs aus, um die schleichende Geldentwertung auszugleichen.

Wenn man großes Glück hat, läuft die ganze Sache umgekehrt. Dann hat man zur normalen Verzinsung (die versteuert werden muß) noch einen erheblichen Währungsgewinn, den man nicht zu versteuern braucht.

Es gibt Fremdwährungsanlagen, die Sie vielleicht gar nicht als solche erkennen: Wenn Sie z. B. Gold kaufen, tätigen Sie praktisch in gewisser Weise eine Anlage in US-$, weil Gold immer über US-$ abgerechnet wird. Von einem eventuellen Steigen des Goldpreises haben Sie also nur dann etwas, wenn der US-$ nicht gleichzeitig an Wert verliert.

Bei allen Fremdwährungsanlagen sind Chancen und Risiken groß, größer als bei Anlagen in der eigenen Währung. Chancen und Risiken können sich ausgleichen, sich aber auch kumulieren.

Den in diesem Buch für die einzelnen Anlageformen angewandten **Leistungstest** können wir für Fremdwährungsanlagen deshalb nicht durchführen, weil es sich bei ihnen um verschiedene sehr unterschiedliche Anlageformen handelt. Ich könnte also überall nur ein Fragezeichen hinschreiben!

2.2.25 Finanzinnovationen: Nur alter Wein in neuen Schläuchen?

Kurzcharakteristik:

Unter Finanzinnovationen verstehen wir sehr verschiedene Angebote auf dem Finanzmarkt. Die Phantasie des Anbieters ist offenbar unerschöpflich. Der Rheinländer sagt (auf Hochdeutsch übersetzt): „Ich überlege den ganzen Tag, wie ich an anderer Leute Geld komme." Fast immer kann man Finanzinnovationen auf bekannte Grundkonzeptionen zurückführen. Um Klarheit zu gewinnen, sollte man das immer versuchen!

Zur Jahresmitte 1990 spricht man vor allem von „umgedrehten" Floatern und Kunstinvestmentfonds.

Floater sind verzinsliche Wertpapiere, bei denen zwar die Tatsache der Zinszahlungen, nicht aber die Höhe der Zinsen feststeht. Man könnte sie daher dem Kapitel 2.2.8 „Renten (Anleihen und Pfandbriefe)" zuordnen.

Die Höhe der variablen Zinsen richtet sich nach der jeweiligen Marktlage, und zwar nach repräsentativen Zinssätzen für Geschäfte unter Banken. Solche Marktsätze werden täglich ermittelt. Das klingt komplizierter, als es ist. Vor allem geht es dabei absolut korrekt zu.

Da der Zinssatz in regelmäßigen Abständen an den Marktzinssatz angepaßt wird, bleibt der Kurs solcher Anleihen stets bei etwa 100%.

Erwarte ich steigende Zinsen, kaufe ich also besser Floater als die üblichen Festverzinslichen, deren Kurs bei steigenden Zinsen zurückgeht.

Umgekehrt bin ich bei fallenden Zinsen besser bedient, wenn ich Festverzinsliche gekauft habe. Meine zugesagten Zinsen bleiben mir, und die Kurse meiner Anleihen steigen!

Hätten wir doch alle in den Jahren 1989 und 1990 Floater gekauft! Aber es liegt nun einmal im Wesen einer jeden Spekulation, daß man hinterher genau weiß, wie man es richtig gemacht hätte.

Eine Beurteilung der Floater im Eignungstest würde praktisch nicht von der Beurteilung der Renten (2.2.8) abweichen. Lediglich beim Marktrisiko könnte man das Fragezeichen durch ein Pluszeichen ersetzen.

Umgedrehter Floater

Der Floater hat einen Sinn. Der **umgedrehte Floater** dagegen scheint mir unnatürlich zu sein.

Bei diesen Anleihen wirkt die Entwicklung der repräsentativen Zinssätze für Geschäfte unter Banken umgekehrt. Steigt der Zins, wird die Verzinsung dieser Anleihen niedriger, fällt der repräsentative Zins, wird die Verzinsung dieser Anleihen höher.

Nicht etwa eine exotische Adresse, sondern die Landeskreditbank Baden-Württemberg brachte Mitte 1990 eine solche Anleihe über 200 Millionen DM, Laufzeit 10 Jahre, ohne Kündigungsmöglichkeit, auf den Markt.

Wer mit dem Steigen der Zinsen am Kapitalmarkt rechnet, wird die Anleihe natürlich nicht kaufen, weil seine Anleihestücke schlechter verzinst werden. Wer die Anleihe kauft und sinkende Zinsen erlebt, macht ein besonderes „Schnäppchen". Aber haben diese Anleihekonditionen noch etwas mit wirtschaftlicher Vernunft zu tun? Wird man demnächst vielleicht auch noch bestimmte Lottozahlen als Bestimmungsfaktoren für die Zinsen mit einbeziehen?

Natürlich werden die Börsenkurse der umgedrehten Floater schwanken. Sie liegen nur dann um 100 %, wenn Marktzins (im Handel unter Banken) und Zins dieser Anleihe etwa gleich sind. Ist der Zins beim Handel unter Banken höher, werden die Kurse der umgedrehten Floater entsprechend fallen.

Eine Beurteilung der umgedrehten Floater im Eignungstest erspare ich dem Leser.

Ein **Kunstinvestmentfonds** wurde vor einigen Monaten in Paris gegründet. Die Fondsgesellschaft baut zur Zeit eine Sammlung französischer Kunst des 16. bis 19. Jahrhunderts auf, die einen Wert von 100 Millionen Franc haben soll. Im Herbst sollen die Anteile am Fonds (in ziemlich großer Stückelung) verkauft werden. Nach etwa 8 Jahren soll die Sammlung veräußert werden. Dann partizipieren die Anteilseigner am Gewinn oder am Verlust.

Nach deutschem Steuerrecht wäre ein Gewinn steuerfrei; ein Verlust mindert aber die Steuerbelastung auch nicht.

Ich wage zur Zeit kein Urteil über diese Finanzinnovation. Sicher ist sie nicht weniger riskant, als eine Beteiligung an Ölbohrungen in Alaska. In meinem Eignungstest müßten solche Fonds ausgesprochen schlecht abschneiden.

Bis zur Auslieferung dieses Buches werden sicher noch weitere Finanzinnovationen entwickelt werden. Oft ist es nur alter Wein in neuen Schläuchen! Nur ein Lose-Blatt-Werk mit Ergänzungslieferungen kann Sie bezüglich Finanzinnovationen auf dem Laufenden halten.

Was auch immer Ihnen da angeboten werden mag: Legen Sie die strengen Maßstäbe der obigen Eignungstests an, bevor Sie eine Entscheidung treffen. Und weichen Sie gerade als Senior bei Finanzinnovationen wie bei allen anderen Anlagen nie von der bewährten Regel ab:

Nur eine erstens auf die individuelle Situation des Anlegers abgestimmte und zweitens das Risiko ausgewogen verteilende Geldanlage wird langfristig erfolgreich sein.

2.2.26 Übersicht der Eignungstests

Ehe Sie weiterlesen, sollten Sie jetzt die im Buchdeckel hinten befindliche große Tabelle aufschlagen!

Während der Leser bisher den Eignungstest der einzelnen Anlageformen von oben nach unten gelesen hat, sollte er jetzt die große Tabelle von links nach rechts lesen.

Dann fällt sofort ins Auge, bei welchen Anlageformen z. B. das Geldwertrisiko (als Teil der Substanzerhaltung) groß ist und wo es kleiner ist.

Man kann auf einen Blick sehen, bei welchen Anlageformen eine gute Liquidierbarkeit gegeben ist und wo nicht,

ob Steuervorteile bei einer Anlageform bestehen und

ob Spekulationsgewinne erhofft werden können,

oder ob diese ausgeschlossen sind.

Vor allem aber ist in diesem Buch:

„Das Geld in der Welt der Senioren“

die letzte Zeile wichtig:

Wie steht es mit der Tauglichkeit für ältere Senioren?

Nur 11 von 22 Anlageformen haben diese Prüfung bestanden!

Wie dieses Ergebnis auszuwerten ist, soll in dem folgenden Kapitel „Grundsätzliche Anlagestrategien für Senioren“ untersucht werden.

Zunächst aber sei noch einmal wiederholt und betont, was zu Beginn dieses Kapitels über die einzelnen Anlageformen aus der Sicht der Senioren gesagt wurde: Die Bewertungen müssen häufig mit einem Wenn und Aber ergänzt werden. Ich mußte mich trotzdem, wenn es auch manchmal schwer fiel, zu einer Entscheidung durchringen.

Und weiter: Auch Minuszeichen heißen nicht etwa, daß eine Anlageform grundsätzlich und für alle Anleger ungeeignet ist.

2.3 Grundsätzliche Anlagestrategie für Senioren: Dem Alter und den Lebensumständen entsprechend!

Im letzten Kapitel lautete die unterste Zeile der Tests: „Tauglichkeit für ältere Senioren". Von zweiundzwanzig untersuchten Anlageformen sind nur elf mit einem Pluszeichen, sieben mit einem Minuszeichen und vier mit einem Fragezeichen gekennzeichnet worden. Wir sind uns darüber einig, daß man über solche Kennzeichnungen mitunter streiten kann.

Außerdem ist ein wichtiger Nachteil dieser Klassifizierung, daß dabei so getan wird, als ob die älteren Senioren oder gar alle Senioren eine homogene Gruppe seien. Das ist aber keineswegs der Fall. In wenigen Jahren wird es in der Bundesrepublik Deutschland fast 20 Millionen Senioren geben (einschließlich der früheren DDR). Die Klassifizierung: „Tauglichkeit für ältere Senioren" kann daher nur ein erster und keineswegs immer zutreffender Hinweis sein.

In einem nächsten Schritt müssen Sie Ihre Lebensumstände analysieren, denn nur eine erstens auf die individuelle Situation des Anlegers abgestimmte und zweitens das Risiko ausgewogen verteilende Geldanlage wird längerfristig erfolgreich sein. (Ich falle Ihnen mit diesem meinem Lehrsatz sicher auf die Nerven, aber er kommt, zu Ihrem eigenen Nutzen, noch ein paar mal).

Über die Verteilung des Risikos haben wir schon in den Kapiteln über die Streuung gesprochen. (Kapitel 2.1.1.5) Nun müssen Sie also Ihre individuellen Lebensumstände analysieren. Danach können Sie die Ergebnisse des Leistungstests der Anlageformen für Ihre Person gewichten.

Ihre Lebensumstände können Sie unterteilen in

- Ihre persönliche Situation
- Ihre finanzielle Lage

2.3.1 Die persönliche Situation

Es bedarf keiner weiteren Erläuterung, daß die folgenden persönlichen Lebensumstände auch für die Situation des Seniors als Anleger oder Verwalter seines Vermögens von sehr großer Bedeutung sind:

- ❍ Alter
- ❍ Gesundheit
- ❍ Berufstätigkeit, ggf. in welchem Umfang und bis wann
- ❍ Verheiratet, andere feste Partnerschaft
- ❍ Alter des Partners
- ❍ Gesundheit des Partners
- ❍ Berufstätigkeit des Partners, ggf. in welchem Umfang und bis wann
- ❍ Güterrechtliche Regelung mit der Ehefrau
- ❍ Kinder
- ❍ Alter und Familienstand der Kinder
- ❍ Enkelkinder

Wie weit sollen Partner, Kinder oder Enkelkinder nach Ihrem Tode erben? Die Technik des Vererbens werden wir im Kapitel 2.4.5 „Vermögen vererben oder verschenken" besprechen. Hier geht es uns jetzt darum, ob und inwieweit bei der Geldanlage auf diese späteren Absichten Rücksicht zu nehmen ist.

Bei einer Leibrente ist z.B. zu beachten, daß dann die Erben leer ausgehen. Bei Grundstücken muß man daran denken, daß sie nicht teilbar sind, und daß Erbengemeinschaften nicht selten zu Streitereien führen. Bei einem Berlin-Darlehen wird ein Erbe nicht so schnell an das Geld herankommen, was möglicherweise aber sogar wünschenswert ist.

2.3.2 Die finanzielle Lage

Ohne Feststellung Ihrer finanziellen Lage dürfen Sie keine Anlageentscheidung treffen. (Auch wenn eine Anlage noch so verlockend erscheint).

Zur Feststellung Ihrer finanziellen Lage gehören zunächst Ihre und Ihres Partners laufenden oder demnächst zu erwartenden Bezüge (Renten, Angestelltenversicherung, betriebliche Pensionen, Beamtenpensionen). Dazu gehört auch das vorhandene Vermögen (einschließlich Schulden). Ohne eine solche Bestandsaufnahme können Sie z.B. das Gebot der Streuung nicht angemessen berücksichtigen.

Dann müssen Sie sich darüber klar werden, ob Sie Erträge oder auch Substanz Ihrer Ersparnisse verbrauchen wollen oder nicht. Je nachdem ist nämlich die Liquidierbarkeit einer Anlage von größerer oder kleinerer Bedeutung.

Der Verzehr von Vermögen wird mitunter als etwas Unmoralisches angesehen. Das ist natürlich Unsinn, zumindest, soweit Sie das Vermögen selbst erarbeitet haben und es sich nicht um ererbtes Familienvermögen handelt.

Wie Sie nach diesen unverzichtbaren Überlegungen und Entscheidungen zu einer für Sie passenden Geldanlage kommen können, sehen Sie in Kapitel 2.5 „Ein Beispiel aus der Praxis für eine maßgeschneiderte Vermögensanlage“.

Wenn Sie sich jedoch von diesen überaus wichtigen Überlegungen zur Anlagestrategie überfordert fühlen, empfiehlt es sich, einen unabhängigen Berater zu konsultieren. Aber bevor Sie das tun, sollten Sie Kapitel 2.7 „Vom Umgang mit Beratern“ sorgfältig lesen.

2.4 Anlagestrategie in der Praxis: Erkenntnis und Handeln sind zweierlei!

2.4.1 Die Lebensversicherung wird ausgezahlt: Die große Stunde der Senioren? Erst denken, dann anlegen!

Der große Tag ist da: Die Lebensversicherung ist fällig. Sie haben 20, 30 Jahre fleißig eingezahlt, und die Gewinnbeteiligung kommt dazu. Die Summe entspricht z.B. dem 4-fachen Ihres jährlichen laufenden Einkommens.

Was ist zu tun? Die Zeit eilt? Die Zeit eilt nicht! Das will Ihnen höchstens ein cleverer Mann von der Versicherung einreden. Lassen Sie sich auf jeden Fall erst einmal das Geld auf Ihr Konto überweisen, und legen Sie es als Festgeld an, ganz gleich, ob Sie gerade 5% oder 8% Zinsen bekommen. Und dann überlegen Sie in aller Ruhe!

Vielleicht haben Sie noch niemals im Leben eine so große Summe zum Anlegen gehabt. Ohne Beratung wird es dann nicht gehen. Und wenn das 1 bis 2% Ihrer Versicherungssumme kostet, ist das immer noch besser, als eine Anlage, die nicht zu Ihrer Situation paßt!

Viele Fragen müssen entschieden werden, so z.B.:

- Bestehen Hypothekenschulden, die Sie abdecken können?
- Wollen Sie Ihr Haus „altersgerecht" umbauen?
- Wollen Sie mit Ihrer Frau die große kostspielige Weltreise machen?
- Wollen Sie Teile des Geldes Ihren Kindern schenken?
- Benötigen Sie die Erträge des Geldes – vielleicht auch Teile der Substanz – zur Aufbesserung Ihres Lebensstandards?

Solange sie diese und vielleicht weitere Fragen nicht entschieden haben, sollten Sie sich nicht mit Verkäufern einlassen, die „Ihr Bestes“ wollen, nämlich Ihr Geld. Lassen Sie also bis auf weiteres Ihr Geld auf dem Festgeldkonto.

Wenn Sie Hypothekenschulden haben und die Zinsen der Hypothek nicht außergewöhnlich günstig sind, spricht viel dafür, die Hypothek abzulösen. Es ist zwar richtig, daß die Zinsen und die Tilgung durch die laufende Geldentwertung an Gewicht verlieren. Aber als Senior, vor allem als älterer Senior, sollten Sie Ihr Haus schuldenfrei machen.

Wollen Sie Ihr Haus altersgerecht umbauen, wird es jetzt Zeit. Dabei dürfen Sie nicht an Ihre und Ihrer Frau gegenwärtige Leistungsfähigkeit denken, sondern an Ihren voraussichtlichen Gesundheitszustand in 10 Jahren. Der Umbau wird kostspielig sein, aber die Geldanlage kann sich sehr lohnen.

Wollen Sie mit Ihrer Frau auf einem Luxusdampfer um die Welt fahren? Warum nicht, wo Sie jetzt das Geld dafür haben. Wollen Sie Teile des Geldes Ihren Kindern oder anderen schenken? Warum nicht, wenn Sie das Geld dafür erübrigen können.

Lesen Sie aber vorher sorgfältig das Kapitel 2.4.5 „Vermögen vererben oder verschenken“. Der Steuerfreibetrag (bei der Erbschaft- bzw. Schenkungsteuer) von DM 90 000,— pro Kind, oder DM 50 000,— pro Enkel ist allein sicher kein Grund, Geld zu verschenken.

In diesen vier Fällen, die natürlich nur Beispiele und keine lückenlose Darstellung der Verwendungsmöglichkeiten sind, gibt es für Sie keinerlei Geldanlageprobleme.

Wollen Sie jedoch die Erträge aus der anzulegenden Versicherungssumme, vielleicht sogar die Substanz der Versicherungssumme, verwenden, um Ihren Lebensstandard aufzubessern, dann haben Sie echte Probleme der Geldanlage.

Sie können sich bei einer Versicherungsgesellschaft (nicht unbedingt bei der gleichen, die Ihnen eben die Versicherungssumme ausgezahlt hat) eine Leibrente kaufen, oder Sie können das Geld selbst anlegen und die Erträge Ihrer Geldanlagen verbrauchen.

Im ersten Fall (Leibrente) verbrauchen Sie auch die Substanz. Wenn Sie nach Ablauf der zu vereinbarenden Mindestlaufzeit der Rente sterben, gehen insoweit die Erben leer aus!

Haben Sie dagegen nur die Erträge aus der von Ihnen gemanagten Geldanlage verbraucht, bleibt zum Schluß das Kapital übrig. Bei Beachtung der notwendigen Vorsicht – siehe Kapitel 2.1.1.5 über die Streuung – und unter Berücksichtigung der Steuern wird es Ihnen kaum gelingen, höhere Erträge zu erwirtschaften als die Versicherung, bei der Sie die Leibrente kaufen. Es kommt also entscheidend darauf an, ob Sie für Ihre Erben etwas hinterlassen wollen, oder ob Sie außer den Erträgen auch die Substanz verbrauchen wollen.

Sie können das ungestraft tun, weil die Leibrente so lange gezahlt wird, wie Sie leben. Bekommen Sie dagegen die Leibrente von einem zukünftigen Erben oder einer anderen Person, der Sie dafür ein Grundstück übertragen haben, tragen Sie ein hohes Bonitätsrisiko! Denn auch, wenn die Rente z. B. durch eine im Grundbuch eingetragene Belastung des Grundstücks abgesichert ist, was tun, wenn der liebe Verwandte zahlungsunfähig ist oder zu sein vorgibt. Werden Sie als Senior die Kraft haben, Ihr Recht durchzusetzen?

Aber es gibt ja auch noch andere Formen der Geldanlage. Denken Sie an die Eignungstests in Kapitel 2.2. Welche Anlageformen tragen das „Siegel" tauglich für ältere Senioren?

Oder sind Sie alle Anlagesorgen los, wenn Sie sich von einer Institution beraten lassen, bei der es das „Allfinanz-Angebot" gibt? Wenn Sie dieser Meinung sein sollten, lesen Sie bitte sorgfältig das folgende Kapitel: „Verlockung des Allfinanz-Services".

2.4.2 Verlockung des Allfinanzservices: Kein Ersatz für individuelle und unabhängige(!) Beratung!

Der Gedanke ist zunächst faszinierend: Statt mit mehreren Finanzinstituten zu sprechen, brauchen Sie nur mit dem Vertreter einer Institution zu verhandeln, die ein „Allfinanz-Angebot" für Sie bereithält. Geht das so wie bei dem Werbeslogan: „Kaufhof bietet tausendfach alles unter einem Dach"? Übrigens folgen die meisten Leute dieser Aufforderung nicht ganz uneingeschränkt. Manchmal fühlen sie sich beim Fachhandel besser aufgehoben. Und daß Kaufhäuser generell billiger sind, kann man wohl nicht behaupten, vor allem nicht bei Waren des gehobenen Bedarfs. Aber zurück zum Allfinanz-Service. Was ist das überhaupt? Ist das ein Kaufhaus für alle Finanzdienstleistungen?

Es war früher – von einer Ausnahme (Hamburger Sparkasse) abgesehen – nicht möglich, daß

- Banken auch Versicherungsverträge und Bausparverträge verkauften,
- Versicherungen auch Bankdienstleistungen und Bausparverträge verkauften,
- Bausparkassen auch Versicherungsverträge und Bankdienstleistungen verkauften.

Seit einigen Jahren ist das üblich geworden. Die Entwicklung ist noch voll im Gange.

Sie werden staunen, was man im Finanzdienstsektor nicht alles miteinander verbinden kann!

Schon seit längerem kann man in Deutschland eine Reiseunfallversicherung (mit hohen Summen im Todes- oder Invaliditätsfall) gratis bekommen, wenn man die Tickets mit einer Kreditkarte bezahlt. In den USA gewähren die Citybank und die Chase Manhattan Bank, wenn man mit ihren Schecks bezahlt, gratis zwei Versicherungsleistungen: Nämlich eine Verbesserung der Hersteller-Garantie für Produkte und eine Versicherung gegen Diebstahl, Verlust oder Schaden für 90 Tage!

Clevere Werbeleute werden sich da noch manches einfallen lassen. Der so umworbene Kunde freut sich, sollte aber nicht vergessen, daß er – und dagegen ist garnichts zu sagen – letztlich alles bezahlen muß.

Allfinanz-Service bedeutet im weitesten Sinne, daß dem Kunden sämtliche Finanzierungs- und Anlageinstrumente aus einer Hand angeboten werden, um den ständig komplexer werdenden Bedarf der Kunden mit einem umfassenden Angebot befriedigen zu können.

Im Idealfall (vom Anbieter aus gesehen) umfaßt also das Allfinanz-Angebot die Betreuung des Kunden in allen Finanzfragen von der Wiege bis zur Bahre. Die Vorteile für den Anbieter liegen auf der Hand. Er macht zusätzliche Geschäfte, die er früher nicht gemacht hat. Dagegen läßt sich nichts sagen.

Wie aber sieht es mit den Vorteilen für den Geldanleger aus? Ich vermag solche Vorteile nicht zu entdecken. Bisher mußte man davon ausgehen, daß ein Bankangestellter, der Aktien, Festverzinsliche und Fondsanteile verkaufen soll, dem Kunden nicht zum Abschluß eines Versicherungsvertrages oder eines Bausparvertrages raten würde. Diese Bedenken sind für die Zukunft ausgeräumt. Aber man muß damit rechnen, daß der Bankangestellte „seine" Bausparkasse vorschlagen wird. Er kann und wird sich keine Gedanken darüber machen, ob vielleicht eine andere Versicherung besser ist. Er wird es auch meist gar nicht beurteilen können.

Das rührt an das Problem des Könnens der Angestellten oder Vertreter. Wird es gelingen, Finanzberater auszubilden, die auf allen Gebieten der Allfinanz so beschlagen sind, wie auf ihrem bisherigen Fachgebiet, das sie schon seit Jahrzehnten ausschließlich bearbeitet haben? Zweifel sind angebracht.

Der entscheidende Mangel am Allfinanz-Service ist jedoch folgender: Der Allfinanz-Berater hat nicht die Zeit, um eine gründliche Bestandsaufnahme Ihrer persönlichen Situation durchzuführen. Eine solche Bestandsaufnahme und die zwingend notwendige Entwicklung einer persönlichen Anlagestrategie sind sehr zeitintensiv. Beide müssen außerdem von Zeit zu Zeit überprüft und teilweise neu gestaltet werden. Diese Arbeiten, die eine hohe Qualifikation des Beraters voraussetzen, kann ein Finanzdienstleistungsunternehmen nicht unentgeltlich anbieten. Wirtschaftsprüfer, Steuerberater und Rechtsanwälte können auch nicht ohne Gebühren für ihre Mandanten arbeiten. Werden aber die Bestandsaufnahme und die Anlagestrategie unterlassen, so fehlt das solide Fundament für den Vermögensaufbau.

Nochmals: Der angestellte oder als Vertreter arbeitende Finanzberater ist für diese Situation nicht verantwortlich. Aber der Geldanleger muß wissen, daß eine „Beratung" ohne die genannten grundlegenden Vorarbeiten eben doch keine qualifizierte Beratung ist, sondern bestenfalls ein qualifizierter Verkauf. Es besteht die Gefahr, daß bei dem Geldanleger durch die umfassende Produktpalette des Allfinanz-Services der Eindruck entsteht, daß er umfassend beraten wird. Dabei hat er doch einen Verkäufer vor sich!

Es ist also nichts mit der Zauberformel „Allfinanz", die dem Senior seine Sorgen als Geldanleger nimmt.

Eine Zauberformel ist es nur für die Anbieter des „Allfinanz-Services". So schreibt die Commerzbank sehr offen im Commerzbank-Journal 1/1990:

„Ein weiterer Vorteil des „Allfinanz"-Angebots besteht für die Bank in der Erschließung neuer Ertragsquellen in verwandten Geschäftsfeldern. Diese sogenannten Synergieeffekte ergeben sich beispielsweise durch Provisionserträge für die Vermittlung von Versicherungen und Bausparverträgen. Außerdem erhöht sich die Rentabilität einer Kundenverbindung mit der Anzahl der genutzten Produkte und schließlich steigen die Erträge durch die bessere Auslastung der Vertriebssysteme, indem z. B. über Zweigstellen oder durch den Außendienst ein branchenübergreifender Absatz von Finanzprodukten erfolgt."

2.4.3 Schwarzgeld: Bei Senioren besonders heiß!

Über Schwarzgeld wird viel geschrieben und gesprochen, auch über Geldwäsche. Was ist eigentlich Schwarzgeld?

Schwarzgeld ist Geld, das geheim und ungesetzlich verdient wurde. Es gibt da aber feine Unterschiede. Wenn jemand ein Honorar, das er für einen Artikel erhält, vor seiner Frau geheimhält, ist das noch kein Schwarzgeld. Wenn er aber „vergißt", das Honorar bei seiner Einkommensteuererklärung anzugeben, dann wird das Honorar zum Schwarzgeld. Natürlich ist es nicht ungesetzlich, wenn jemand für seine Artikel Geld bekommt. Ungesetzlich ist nur, wenn er dieses Geld nicht der Besteuerung unterwirft. Was er verdient, ist also Weißgeld. Erst durch das Verschweigen dieser Einnahmen vor dem Finanzamt wird das weiße Geld schwarz.

Anders ist es, wenn eine Tätigkeit an sich gegen die Gesetze verstoßen würde. Wenn jemand also z.B. mit verbotenen Drogen handeln würde. Dann ist schon das verdiente Geld „schwarz". Es wird gewissermaßen dadurch, daß er es nicht versteuert, doppelt „schwarz". Von diesem tiefschwarzen Geld und der dazugehörigen Geldwäsche will ich nicht reden, weil das nicht zu meinem Thema gehört.

Wir wollen vielmehr über ehrlich verdientes Geld nachdenken, das durch Hinterziehung von Steuern Schwarzgeld wird.

Wer Einkünfte aus schriftstellerischer Tätigkeit (im Inland!) nicht versteuert, ist ziemlich dumm. Denn er sollte wissen, daß das Unternehmen, das ihm das Geld schickt, die Beträge als steuermindernde Betriebsausgaben geltend macht. Bei der nächsten Betriebsprüfung bei seinem Verlag (durch die Finanzverwaltung) können die Betriebsprüfer bei der Prüfung der gebuchten Betriebsausgaben Kontrollmitteilungen an sein Wohnsitz-Finanzamt schicken, und schon ist es passiert.

Wenn man Glück hat, fragt das Finanzamt höflich an, ob man vielleicht vergessen habe, die Honorar-Einnahmen anzugeben. Dann kann man das nachholen. Aber es kann auch viel unfreundlicher kommen.

Groß ist die Versuchung für Unternehmer, Geschäfte „nicht durch die Buchführung laufen zu lassen". Die dabei erzielten Umsätze und die Gewinne sind, auch wenn das Geschäft selbst nicht ungesetzlich ist, schwarz: Es entsteht Schwarzgeld.

Die weitaus größte Zahl der Fälle, bei denen durch Vermeidung von Steuerzahlungen Schwarzgeld entsteht, ist das Verschweigen von Zinseinnahmen gegenüber dem Finanzamt. Die Beträge, um die es sich dabei handelt, mögen vielfach klein sein. Die Anzahl der Fälle geht aber in die Millionen.

Es ist nicht meine Absicht, bei den Lesern dieses Kapitels – und das werden doch überwiegend Senioren sein – Appetit auf Schwarzgeld zu wecken. Sollte das aber doch geschehen, bedenken Sie bitte folgendes: Es gehören allerlei Fachkenntnisse dazu, auf sichere Weise Schwarzgeld zu schaffen.

Ein bekannter Weg dafür ist das sogenannte Tafelgeschäft. Dabei erwerben Sie bei einer Bank z. B. Stücke eines Rentenfonds, ohne daß Ihr Name in den Büchern der Bank oder bei dem Rentenfonds erscheint. Genauso namenlos kassieren Sie einmal jährlich die Ausschüttung des Fonds. Das klingt doch ganz einfach! Es ist aber tatsächlich viel komplizierter. Sonst würde nicht „Das Geld abc" im WRS Verlag, München, 6 Druckseiten über das Stichwort „Tafelgeschäft" schreiben. Der Artikel enthält zahlreiche Warnungen vor Fehlern, die man bei Tafelgeschäften machen kann. Gerade Senioren sollten deshalb vorher überlegen, auf was sie sich da einlassen.

Im übrigen sind Tafelgeschäfte ursprünglich für Anleger gedacht, die Depotgebühren sparen wollen, und nicht für Anleger, die Steuern „sparen“ wollen!

Im Zusammenhang mit den (inzwischen gescheiterten) Plänen zur Einführung einer Quellensteuer, wurde durch das Amnestie-Gesetz von 1989 den Steuerpflichtigen eine Möglichkeit eingeräumt, bisher verschwiegene Zinseinnahmen zu legalisieren. Das war also gewissermaßen eine vom Staat empfohlene Geldwäsche. Der Erfolg war, was die Höhe der zusätzlichen Steuereinnahmen für den Staat anbetrifft, überraschend groß. Rund 657 000 Bürger nutzten 1989 die Gelegenheit! Ob aber alles „hochkam“?

Für alle, die diese Gelegenheit nicht nutzten, gilt vom 31. Dezember 1991 an wieder die von mir früher formulierte Scherzfrage:

Was ist das Schwierigste an der steuerlichen Illegalität? Die Rückkehr in die steuerliche Legalität!

Immer noch bleibt Ihnen die strafbefreiende Selbstanzeige gegenüber dem Finanzamt, bei der Sie – anders als beim Amnestie-Gesetz 1989 – natürlich alle hinterzogenen Steuern nachzahlen müssen. Bedenken Sie auf der anderen Seite, daß ein Steuerstrafverfahren Nerven kostet, vielleicht mehr Nerven als Sie in 10 Jahren noch haben. Das sollte man als Senior besonders bedenken.

Im übrigen sollten Sie einmal prüfen (lassen), ob sich die steuerliche Illegalität für Sie überhaupt **lohnt**! Die Besteuerung vieler Senioren ist nämlich überraschen niedrig (Hinweis auf Kapitel 2.4.4 „Die Besteuerung der Senioren: Bei Senioren ist das Finanzamt bescheidener“).

Und warum ist Schwarzgeld nun bei Senioren besonders heiß? Sie bringen, wenn Sie beim Tode Schwarzgeld hinterlassen, Ihre Erben in Konfliktsituationen, die nicht „nur" das Steuerstrafrecht, sondern auch das Allgemeine Strafrecht berühren können.

Ein Beispiel: Ein Senior, verwitwet, 2 Söhne, besitzt erhebliche Bestände an Schwarzgeld. Er hat gute Gründe, in seinem Testament den einen Sohn zum Erben einzusetzen. Der andere Sohn wird mit dem Pflichtteil (die Hälfte des gesetzlichen Erbes, in diesem Fall = 25% des Nachlasses) bedacht.

Dieser Sohn verlangt nach dem Tode des Vaters mit Recht von seinem Bruder die Herausgabe des Pflichtteils. Doch wie groß ist dieser Pflichtteil?

Wenn das Schwarzgeld im Testament vermerkt ist, verlangt das Finanzamt, das vom Nachlaßgericht das Testament bekommt, eine Nachversteuerung (Vermögensteuer und Einkommensteuer für viele Jahre zurück). Dann war alle Mühe vergebens. Eine Steuerstrafe fällt allerdings nicht an, weil Tote nicht mehr bestraft werden können.

Schlimm wird es, wenn vom Schwarzgeld nichts im Testament steht und nur der Erbe davon weiß. Er muß die Erbschaftsteuer-Erklärung abgeben. Wenn er das Schwarzgeld verschweigt, hinterzieht er Erbschaft-Steuer.

Es kommt aber noch schlimmer. Wenn er das Schwarzgeld vor seinem Bruder verschweigt, bringt er den Bruder um die diesem zustehenden 25% davon. Ist der Bruder mißtrauisch, kann er durchsetzen, daß der Erbe die Richtigkeit des Nachlaßverzeichnisses beeidet. Tut er das, begeht er einen Meineid, der empfindlich bestraft wird.

In eine solche Konfliktsituation hätte der Erblasser in unserem Beispiel seinen erbenden Sohn nicht bringen sollen.

Auch bei anderen familiären Situationen kann es Probleme geben. Vielleicht unbewußt verleitet der Erblasser seine Erben zum Weg in die steuerliche Illegalität, den sie vielleicht von sich aus nie gegangen wären und der ihre Nerven vielleicht überfordert. Lohnt sich das? Bringt man als Senior so etwas nicht lieber selbst in Ordnung?

Zu diesem Zweck wählen manche den Weg einer „privaten Geldwäsche“: Sie verbrauchen Zinsen und Substanz des Schwarzgeldes und verwenden ihre normalen Einnahmen legal und dem Finanzamt mitgeteilt zur Ersparnisbildung.

Dieser Weg ist natürlich nicht legal und schützt nicht vor einem eventuellen Steuerstrafverfahren. Aber man kann vielleicht sagen, es ist ein Schritt in die richtige Richtung.

Erfolgt dieser Schritt nicht rechtzeitig und wird tatsächlich Schwarzgeld hinterlassen, sollte der Erbe sich dem Finanzamt offenbaren. Vor allem, wenn Familienstreitigkeiten drohen.

Soweit es sich bei den bisher verschwiegenen Vermögenswerten um Gold handelt, ist vom Erben nur die ggf. nicht bezahlte Vermögensteuer nachzuentrichten, d. h. ein halbes Prozent pro Jahr. Einkommensteuer fällt mangels Erträgen nicht an.

Es soll übrigens auch Leute geben, die meinen, sie hätten Schwarzgeld, aber es ist gar keines. Wenn ein Ehepaar 5 kg Gold besitzt und sonst kein Vermögen, entsteht keine Steuerpflicht. Das Gold bringt keine Erträge, die der Einkommensteuer zu unterwerfen wären. Bei der Vermögensteuer hat das Ehepaar einen Freibetrag, der weit über dem Wert des Goldes liegt. Es wird also in diesem Fall keine Steuer hinterzogen.

2.4.4 Die Besteuerung der Senioren: Bei Senioren ist das Finanzamt bescheidener!

2.4.4.1 Einkommen- und Vermögensteuer

Es ist „in“ und wird wohl auch nach den durchgeführten Steuererleichterungen 1990 üblich sein, auf die hohen Steuerbelastungen in der Bundesrepublik Deutschland zu schimpfen. In manchen Fällen mag das berechtigt sein. Senioren sollten aber mit einer solchen Kritik vorsichtig sein und nicht vergessen, wie sehr sie vom Gesetzgeber bei der Einkommensteuer (bzw. Lohnsteuer) und auch bei der Vermögensteuer begünstigt werden.

Senioren können nämlich beachtliche Einnahmen haben (über jährlich 50 000) ohne überhaupt Einkommensteuer (Lohnsteuer) und Kirchensteuer zu zahlen. Dies soll an einem Beispiel gezeigt werden. In einem weiteren Beispiel wird vorgerechnet, daß auch bei Einnahmen eines Rentnerehepaares von rd. 78 000 DM jährlich die Steuern unter 5% der Einnahmen liegen können.

Um welche Steuererleichterungen geht es?

Zunächst einmal die **allgemeinen Steuererleichterungen** bei der Einkommensteuer, die selbstverständlich auch für Senioren gelten. Es sind dies folgende Pauschalen:

	jährlich DM
Arbeitnehmer-Pauschbetrag	2 000,—
Werbungskostenpauschale bei Einkünften aus Kapitalvermögen	100,—
Sparer-Freibetrag	600,—
Werbungskosten-Pauschale bei Renten (z.B. Angestelltenversicherungsrenten)	200,—
Pauschale für Sonderausgaben (falls nicht höhere Sonderausgaben nachgewiesen werden)	108,—

Bei zusammenveranlagten Ehepaaren verdoppeln sich ggf. die Beträge.

Daneben sind zu berücksichtigen die besonderen Steuererleichterungen für Senioren:

Die Einnahmen aus Pensionen, Betriebsrenten u.ä. werden um 40%, jedoch höchstens jährlich 4 800,— DM gekürzt, ehe sie der Besteuerung unterworfen werden.

Die Einnahmen aus Renten (z.B. der Angestelltenversicherung) werden nur mit dem sogenannten Ertragsanteil der Besteuerung unterworfen. Dieser Ertragsanteil beträgt, wenn die Rente ab Vollendung des 60. Lebensjahres bezogen wird, 29% der Rentenzahlungen. Dieser Prozentsatz sinkt, wenn die Rente erst ab einem späteren Zeitpunkt gezahlt wird; bei Rentenbeginn mit Vollendung des 65. Lebensjahres beträgt der Prozentsatz 24%.

Für Senioren, die vor Beginn des Kalenderjahres das 64. Lebensjahr vollendet haben, gibt es einen Altersentlastungsbetrag in Höhe von 40% (jedoch nicht mehr als jährlich 3 720) auf Einkünfte, die nicht aus Renten oder Pensionen stammen (weil diese ohnehin schon begünstigt sind).

Die Auswirkungen der allgemeinen Steuererleichterungen und der speziellen Steuererleichterungen für Senioren werden in den folgenden Beispielen dargestellt:

Beispielrechnung für ein Rentnerehepaar mit jährlichen Einnahmen von rd. DM 53 000,—

Einnahmen des Ehemannes	jährliche Einnahmen DM	steuerpflichtig DM
Betriebsrente monatlich DM 600	7 200	
wegen 40% Versorgungs-Freibetrag und Arbeitnehmer-Pauschbetrag nur		2 320[1]
Altersrente der Angestelltenversicherung seit Vollendung des 65. Lebensjahres monatlich DM 2 200	26 400	
wegen Ansatz nur des Ertragsanteils von 24% und Werbungskosten-Pauschale nur		6 136[2]
6% Zinsen aus Ersparnissen von DM 80 000	4 800	
wegen Werbungskosten-Pauschale und Sparer-Freibetrag nur		4 100[3]
	38 400	12 556
Einnahmen der Ehefrau		
Altersrente der Angestelltenversicherung seit Vollendung des 62. Lebensjahres monatlich DM 800	9 600	
wegen Ansatz nur des Ertragsanteiles von 27% und Werbungskosten-Pauschale nur		2 392[4]
6% Zinsen aus Ersparnissen von DM 80 000	4 800	
wegen Werbungskosten-Pauschale und Sparerfreibetrag nur		4 100[5]
	14 400	6 492

Anmerkungen für Leser, die nachrechnen wollen:

1 7 200 ./. (0,4 × 7 200 =) 2 880 = 4 320 ./. 2 000 = 2 320

2 26 400 × 0,24 = 6 336 ./. 200 = 6 136

3 4 800 ./. 100 = 4 700 ./. 600 = 4 100

4 9 600 × 0,27 = 2 592 ./. 200 = 2 392

5 4 800 ./. 100 = 4 700 ./. 600 = 4 100

Zusammenrechnung für das Ehepaar

	jährliche Einnahmen DM	steuerpflichtig DM
Ehemann	38 400	12 556
Ehefrau	14 400	6 492
jährliche Einnahmen des Ehepaares	52 800	19 048
./. Altersentlastungsbetrag		3 280[6]
		15 768
./. Sonderausgaben-Pauschale (falls keine höheren Sonderausgaben vorliegen)		216
zu versteuerndes Einkommen		15 552
Auf dieses Einkommen entfallen lt. Splitting-Tabelle für Einkommensteuer nur	820	
so daß dem Ehepaar netto zur Verfügung stehen	51 980	

Anmerkungen für Leser, die nachrechnen wollen:

[6] Zinsen 9 600 ./. 200 ./. 1 200 = 8 200 × 0,4 = 3 280 (beide Eheleute haben das erforderliche Alter)

Mit anderen Worten, das Ehepaar zahlt DM 820 Einkommensteuer pro Jahr, das sind 1,6% seiner Einnahmen.
Das Beispiel ist so gewählt, daß sich die Steuererleichterungen für Senioren besonders günstig auswirken. Es sei auch nicht verschwiegen, daß oberhalb eines solchen Einkommens Steuern anfallen, die von 19% an gleichmäßig ansteigen, aber wohlgemerkt nur 19% des rd. 50 000 DM übersteigenden Betrages. Daß auch bei Einnahmen von DM 78 000 jährlich die Steuern noch unter 8% liegen können, wird an dem folgenden Beispiel dargestellt:

Beispielrechnung für ein Rentnerehepaar mit jährlichen Einnahmen von rd. DM 78 000,—

	jährliche Einnahmen DM	steuerpflichtig DM
Einnahmen des Ehemannes		
Betriebsrente monatlich DM 1.300	15 600	
wegen 40% Versorgungs-Freibetrag und Arbeitnehmer-Pauschbetrag nur		8 800[7]
Altersrente der Angestelltenversicherung seit Vollendung des 65. Lebensjahres monatlich DM 2 200	26 400	
wegen Ansatz nur des Ertragsanteils von 24% und Werbungskosten-Pauschale nur		6 136[8]
6% Zinsen aus Ersparnissen v. DM 120 000	7 200	
wegen Werbungskosten-Pauschale und Sparer-Freibetrag nur		6 500
	49 200	21 436
Einnahmen der Ehefrau		
Altersrente der Angestelltenversicherung seit Vollendung des 62. Lebensjahres monatlich DM 1 400	16 800	
wegen Ansatz nur des Ertragsanteiles von 27% und Werbungskosten-Pauschale nur		4 336[9]
6% Zinsen aus Ersparnissen v. DM 120 000	7 200	
wegen Werbungskosten-Pauschale und Sparerfreibetrag nur		6 500
Einkünfte (Einnahmen ./. Werbungskosten wie z.B. Abschreibungen) aus Vermietung einer Eigentumswohnung	4 800	4 800
	28 800	15 636

Zusammenrechnung für das Ehepaar

	jährliche Einnahmen DM	steuerpflichtig DM
Ehemann	49 200	21 436
Ehefrau	28 800	15 636
jährliche Einnahmen des Ehepaares	78 000	37 072
./. Altersentlastungsbetrag von 40% auf die Zinsen und auf die Einkünfte aus Vermietung höchstens jedoch 3 720 pro Kopf		6 320[10]
		30 752
./.Sonderausgaben-Pauschale (falls keine höheren Sonderausgaben vorliegen, z. B. Kirchensteuer)		216
zu versteuerndes Einkommen		30 536
Auf dieses Einkommen entfällt Einkommensteuer von	3 806	
so daß dem Ehepaar netto zur Verfügung stehen	74 194	

Mit anderen Worten, das Ehepaar zahlt DM 3 806 = rd. 4,9% Einkommensteuer.

Anmerkung für Leser, die nachrechnen wollen.

7 Freibetrag 40% von 15 600 = 6 240, höchstens jedoch 4 800;
also 15 600 ./. 4 800 = 10 800 ./. 2 000 = 8 800

8 26 400 × 0,24 = 6 336 ./. 200 = 6 136

9 16 800 × 0,27 = 4 536 ./. 200 = 4 336

10

40% auf 6 500 Ehemann Zinsen		2 600
40% auf 6 500 Ehefrau Zinsen	2 600	
40% auf 4 800 Miete	1 920	
	4 520	
höchstens aber		3 720
		6 320

Die Steuererleichterungen bei der Vermögensteuer wirken sich wie folgt aus:

Die wichtigste Steuererleichterung für Senioren bei der Vermögensteuer besteht darin, daß ihre kapitalisierten Rentenansprüche bei der Vermögensteuer außer Ansatz bleiben.

Im übrigen sorgen die für alle Bürger geltenden Freibeträge dafür, daß das in unserem ersten Beispiel genannte Kapitalvermögen der Eheleute (2 × 80 000) keine Vermögensteuer auslöst.

Die Vermögensteuer bei dem zweiten Ehepaar würde sich auf jährlich DM 190[11] belaufen (wenn beide das 65. Lebensjahr vollendet haben).

Einkommensteuer plus Vermögensteuer würden also bei diesem – doch wohl nicht schlecht gestellten – Ehepaar unter 8% der Einnahmen liegen.

Natürlich zahlt niemand gerne Steuern, aber wir Bürger der Bundesrepublik Deutschland verlangen von unserem Staat viel, sehr viel. Es sei nur beispielhaft auf Straßenbau, Schul- und Hochschulwesen, Gesundheits- und Altersfürsorge hingewiesen. Das kostet alles Geld, viel Geld, das letzten Endes von den Bürgern aufgebracht werden muß. Wenn man sich das vor Augen hält, kann man wirklich nicht behaupten, daß von den Senioren in den geschilderten Fällen ein unangemessen hoher Anteil an den Ausgaben des Staates verlangt wird.

Anmerkung für Leser, die nachrechnen wollen.

[11]

Kapitalvermögen 2 × 120 000	240 000
Geschätzter Einheitswert Eigentumswohnun	40 000
	280 000
Freibeträge 2 × 121 000	./. 242 000
	38 000
0,5%	190

Ganz anders sieht es bei höheren Einkommen aus und auch dann, wenn die Einnahmen nicht überwiegend aus Renten stammen. Dann kann die Steuerlast schnell auf 30% und mehr steigen.

2.4.4.2 Spitzensteuersatz

In diesem Zusammenhang sollte auch etwas über den sogenannten „Spitzensteuersatz“ gesagt werden, was für alle Steuerpflichtigen Gültigkeit hat:

Wenn jemand von sich sagt, bei ihm betrage der Spitzensteuersatz 39%, dann muß dieser arme Mann nicht etwa 39% seines – um viele Abzüge gekürzten – Einkommens an Steuern zahlen, oder gar 39% seiner Einnahmen (brutto). Gemeint ist etwas ganz anderes:

Beispiel: Ehepaar, keine Kinder, Zusammenveranlagung, Steuersätze 1990

Steuerpflichtiges Jahres-Einkommen	Einkommensteuer	
DM	DM	%
150 000	39 928	26,6
140 000	36 096	25,8
10 000	3 832	38,3

Das bedeutet, auf das Mehr-Einkommen von DM 10 000 sind zu zahlen Mehr-Einkommensteuer von 3 832, und das sind 38,3%! Das ist der Spitzensteuersatz!

Man sieht, wie groß auch schon bei Einkünften in dieser Höhe die Versuchung ist, wenn möglich die Versteuerung zu vergessen. Es beeindruckt das Ehepaar wenig, wenn Sie ihm sagen, daß die Steuerbelastung insgesamt (allerdings ohne Kirchensteuer) mit 26,6% doch noch moderat ist. Das Ehepaar argumentiert vielmehr so: Erst haben wir unser Einkommen versteuert. Dann haben wir aus diesem versteuerten Einkommen Ersparnisse gebildet, die jetzt Zinsen bringen. Auf diese Zinsen sollen wir noch einmal (so sagen sie) rd. 40% Steuern zahlen. Das ist doch unmoralisch!

Aus dieser Einstellung, auf die der Berater immer wieder trifft, folgt dann, daß das Ehepaar keinerlei Unrechtsbewußtsein hat, wenn es die Versteuerung dieser Zinsen unterläßt.

Es bleibt die Frage, ob unter Abwägung aller dieser Umstände die Steuerhinterziehung lohnt. Auf Neudeutsch: Crime does not pay! Besonders für den Senior gilt es zu überlegen, ob seine Nerven oder gegebenenfalls Nerven und Fähigkeiten seiner Erben den möglichen Belastungen gewachsen sind.

2.4.5 Vermögen vererben oder verschenken: Nicht zu spät, aber vor allem nicht zu früh!

Im Kapitel 1.4 „Die Bedeutung des Geldes für Senioren" haben wir unter 1.4.3 über die moralische Verpflichtung des Seniors gesprochen, für eine sinnvolle Weitergabe des Geldes an die Erben zu sorgen. Dabei habe ich vor allem die Verpflichtung des Seniors betont, klare vermögensrechtliche Anordnungen für den Fall seines Todes zu treffen.

Haben Sie nur einen Erben und wollen Sie sonst niemanden etwas „vermachen", können Sie das Problem vergessen. Übrig bleibt dann nur Ihre Pflicht, klare Ordnung in Ihren Vermögensangelegenheiten zu schaffen. Sollten Sie das berühmte (berüchtigte?) Konto in der Schweiz haben und Ihre Unterlagen enthalten keinen Hinweis darauf, ist das Geld für immer verloren!

Enthält Ihr Nachlaß einen Hinweis auf das Konto, sollte Ihr Erbe in diesem Buch das Kapitel 2.4.3 „Schwarzgeld bei Senioren besonders heiß“ lesen.

Haben Sie mehrere Erben und/oder wollen Sie andere Personen mit Vermächtnissen bedenken, ist die Notwendigkeit einer klaren Erbregelung unübersehbar.

Wir besprechen in diesem Buch die Geldanlage der Senioren, die Privatvermögen, also nicht Unternehmen oder erhebliche Teile von Unternehmen besitzen. In letzterem Fall gelten besondere Regeln für eine Erbfolgeplanung, weil der Bestand eines Unternehmens durch Erbfolge gefährdet sein kann.

Auch beim Privatvermögen kann eine schlechte oder fehlende Erbfolgeregelung großen Schaden anrichten.

Wenn Sie ein Vermögen erworben haben, wollen Sie, daß es nach Ihrem Tode in die „richtigen Hände“ kommt. Das ist verständlich. Aber Vorsicht, Vorsicht, Vorsicht. Das alte Wort: „Sollen die Kinder erben (oder besser, wollen die Kinder erben), müssen die Eltern sterben“ ist uneingeschränkt richtig.

Eine vorweggenommene Erbfolge ist in den meisten Fällen sehr problematisch. Auch steuerliche Gründe allein rechtfertigen nicht eine vorzeitige Vermögensübertragung an Kinder und Enkel.

Sie mögen die liebsten Kinder der Welt haben, der Ehepartner der Kinder ist für diese die Bezugsperson Nr. 1, und nicht Sie. Und das ist richtig so! Im übrigen können Sie gar nicht wissen, ob Sie es nicht später statt mit Ihren Kindern mit dem zweiten Ehepartner Ihrer Schwiegerkinder zu tun haben.

Vorrangig sollte die Sicherung Ihres Lebenspartners sein. Je großzügiger Sie die Ausbildung Ihrer Kinder finanziert haben, um so besser ist Ihr Gewissen, wenn Sie jetzt Ihre Kinder „auf den Pflichtteil setzen“. (Das ist die Hälfte des nach dem Gesetz den Kindern zustehenden Erbteils, wenn kein Testament vorliegt).

Denken Sie bei der Sicherstellung Ihres Partners vor allem auch daran, daß es manchmal für eine Witwe schwer ist, ihr Vermögen zu verteidigen. Eine gute Leibrente ist dann manchmal besser als Geld, Immobilien und Wertpapiere. Auch die Verwaltung von Vermögensanlagen liegt vielen Frauen leider gar nicht.

Es kann daher durchaus sinnvoll sein, seinen Erben Ratschläge für die Geldanlage zu geben. Es ist dabei zu bedenken, daß auch die besten Ratschläge von der Zeit überholt werden können.

Bei der Regelung Ihres Nachlasses werden Sie möglicherweise einen Berater brauchen. Dieser dient zunächst einmal dazu, mit Ihnen gemeinsam herauszufinden, was Sie eigentlich wollen. Erfahrungsgemäß zeigt sich nämlich in solchen Gesprächen, daß die Vorstellungen des künftigen Erblassers noch gar nicht klar sind.

Erst wenn diese Klarheit geschaffen ist, hat es Sinn, sich mit der juristischen Technik bei der Abfassung eines Testaments zu befassen. Vielleicht brauchen Sie dabei den juristischen Rat eines Notars. Mindestens zunächst wird es aber genügen, wenn Sie sich die Schrift „Rechtzeitige Erbfolgeplanung“ von Dr. Hans Flick besorgen, die Sie bei der Deutschen Bank bekommen können. Die Broschüre zeichnet sich durch Klarheit und Übersichtlichkeit aus. Sie können manche Anregungen daraus entnehmen, wenn auch die Schrift wohl in erster Linie für die Vererbung von Unternehmen gedacht ist.

Nicht in allen Fällen braucht man ein „öffentliches Testament“, das bei einem Notar gegen Gebühren (die sich nach dem Wert des Nachlasses richten) errichtet wird. Oft reicht ein „eigenhändiges Testament", das aber vollständig mit der Hand geschrieben sein und Ihren Namen und das Datum der Unterschrift enthalten muß.

Die Vorteile des eigenhändigen Testaments bestehen darin, daß Sie Kosten sparen und vor allem, daß Sie es jederzeit vernichten und neu schreiben können (z.B. wenn Ihnen die Lebensführung der Nichte Margarete mißfällt!).

Leider ist es mit der einmaligen Abfassung des Testaments sowieso nicht getan. Es ist zweckmäßig, das Testament einmal jährlich zu überprüfen. Wenn Sie Ihr Vermögen selbst verwalten, sollten Sie Ihren Steuerberater beauftragen, Sie an die Einhaltung des Termines zu erinnern.

Denken Sie daran, was wir im Kapitel 1.4.3 festgestellt haben: Sie sind moralisch verpflichtet, dafür zu sorgen, daß Ihr Geld nicht Unglück über Ihre Erben bringt.

Im übrigen: Was Sie wirklich nicht brauchen und was anderen nützt, verschenken Sie besser zu Lebzeiten (schenken mit der warmen Hand nennt man das in Ostwestfalen).

2.5 Ein Beispiel aus der Praxis für eine maßgeschneiderte Vermögensanlage:

Umschichtung des Vermögens nach dem Tode des Ehemannes!

Nach dem überraschenden Tod ihres Mannes sieht sich eine Witwe nach Zahlung der Erbschaftsteuer und nach Befriedigung der Pflichtteilsansprüche ihrer Kinder folgender finanzieller Situation gegenüber:

- Sie hat ein Einfamilienhaus, das schon nach dem Wegzug der Kinder reichlich groß war, im Verkehrswert von DM 800 000, ein Aktiendepot mit deutschen, amerikanischen und japanischen Aktien im Werte von etwa DM 460 000, Gold für DM 40 000, sowie Witwenrenten-Ansprüche aus einer Betriebspension ihres Mannes in Höhe von monatlich brutto 4 000 DM.
  Eigene Rentenansprüche hat sie nicht.
- Sie hat schon aus meinem Buche meinen „Lehrsatz“ gelernt: Nur eine 1. auf die individuelle Situation abgestimmte und 2. das Risiko ausgewogen verteilende Geldanlage wird längerfristig erfolgreich sein.

Was bedeutet das nun praktisch für sie? Wie ist ihre individuelle Situation? Mit Hilfe des Kapitels 2.3.1 ist festzustellen:

- 66 Jahre alt
- gute Gesundheit
- nicht berufstätig
- keine neue Partnerschaft zu erwarten
- erbrechtliche Auseinandersetzung mit den Kindern ist erfolgt,
- die Kinder sind 35, 32 und 30 Jahre alt,

- die Kinder sind verheiratet und leben in auskömmlichen Verhältnissen, gelegentliche Zuschüsse sind natürlich erwünscht, zumal sie selbst Kinder haben,
- 8 Enkelkinder,
- sie möchte nach Klärung ihrer wirtschaftlichen Situation größere Reisen unternehmen,
- sie möchte sich um die Verwaltung ihres Vermögens möglichst nicht kümmern.
- Der bisherige Geldbedarf des Ehepaares wurde durch die Bezüge des Ehemannes in Höhe von monatlich DM 10 000 und die Erträge aus den Aktien, rund DM 13 000 im Jahr, so gerade gedeckt.
- An dem Haus, in dem sie sich nie so recht wohlgefühlt hat, weil es zu sehr außerhalb der Stadt lag, hängt sie nicht besonders. Deshalb erwägt sie, trotz leichten Protestes ihrer Kinder, die ihr „Nest erhalten" wissen wollen, den Kauf einer ruhig gelegenen kleinen Eigentumswohnung in der Großstadt. Diese wird wohl, obwohl sie nach Quadratmetern nur ein Drittel so groß ist wie ihr Haus, mit allem Drum und Dran DM 500 000 kosten.
- Sie geht davon aus, daß ihre gesamten Ausgaben – einschließlich Steuern, Wohngeld, Auto, Reisen und Zuwendungen an Kinder und Enkel – etwa 70% der bisherigen Einkünfte des Ehepaares betragen werden. Das waren bisher DM 11 000; sie würde also brutto rund DM 8 000 brauchen. Ihre Witwenrente beträgt aber nur DM 4 000.
- In etwa 8 bis 10 Jahren, wenn sie keine großen Reisen mehr unternimmt und wenn die Kinder in besserer finanzieller Situation sein werden, wird sie voraussichtlich mit brutto DM 6 000 auskommen. Die zunächst fehlenden monatlich 4 000 DM gleich jährlich rd. DM 50 000, müßten also durch Erträge des Vermögens gedeckt werden.

Zusammensetzung des Vermögens vor der notwendigen Umstrukturierung:

	Wert TDM	% des Ges.Verm.	Ertrag vor Steuern TDM	Rendite %
Einfamilienhaus	800	61,5	–	–
Aktien	460	35,4	13	2,6
Gold	40	3,1	–	–
	1 300	100,0	13	1,0

Nach dem Verkauf des Hauses und dem Erwerb der Eigentumswohnung wird die Zusammensetzung des Vermögens zunächst so aussehen: (Die Differenz zwischen dem Verkaufspreis des Hauses und dem Kauf der Eigentumswohnung ist als Festgeld angelegt worden, 300 000 zu 7%).

	Wert TDM	% des Ges.Verm.	Ertrag vor Steuern TDM	Rendite %
Eigentumswohnung	500	38,5	–	–*)
Festgeld	300	23,0	21	7
Aktien	460	35,4	13	2,5
Gold	40	3,1	–	–
	1 300	100,0	34	2,5

*) Der Wohnwert ist nicht berücksichtigt.

Die Aufstellung zeigt, daß die gewünschten Erträge von DM 50 000 mit dieser Zusammensetzung nicht erzielt werden können. Allein aus Gold, Festgeld und Aktien im Betrage von TDM 800 kann man normalerweise keine TDM 50 erzielen. Das wäre eine Rendite von 6,25%, die nicht zu erwarten ist.

Aber auch davon zunächst abgesehen, wäre die Vermögensanlage der nicht durch die Wohnung gebundenen TDM 800 nicht den Anforderungen an eine Vermögensanlage entsprechend. 62,5% des verfügbaren Vermögens ohne Eigentumswohnung sind in Aktien angelegt, bei denen Bonitätsrisiko, Marktrisiko und Geldwertrisiko die reale Substanzerhaltung gefährden. Die subjektive Rentabilität ist bei Aktien außerdem mäßig. Alle diese Nachteile können nicht durch die Möglichkeit von Kursgewinnen ausgeglichen werden, von der Möglichkeit von Kursverlusten ganz zu schweigen. Die Witwe wird also wohl alle oder zumindest den größten Teil der Aktien verkaufen müssen (behutsam).

Das Festgeld kann man in dieser Höhe auch nicht als geeignete Daueranlage ansehen, zumal es keineswegs gesagt ist, daß es immer 7% Zinsen bringen wird.

Aber wie sollte die Zusammensetzung denn sein, daß sie den allgemeinen Anforderungen der Senioren an die Anlageformen möglichst weitgehend entspricht?

Daß sie den vier Hauptanforderungen:

- Reale Substanzerhaltung
- Subjektive Rentabilität
- Liquidierbarkeit und
- Verwaltbarkeit

durch ausgewogene Streuung genügend Rechnung trägt?

Mit Sicherheit kann man schon jetzt sagen, daß bei den hohen Anforderungen der Witwe an die Rentabilität (sie will über 6% haben!) andere Hauptanforderungen etwas zurückgestellt werden müssen.

Die gewünschten Erträge können erreicht werden, wenn man bei einer Versicherungsgesellschaft eine Leibrente kauft. Dann kann die Witwe außer den Erträgen auch Substanz ausgezahlt bekommen. Das „Risiko", daß sie besonders lange lebt, trägt dann die Versicherung. Andererseits bleibt nach ihrem Tode (außer beim Tode in den ersten Jahren) für ihre Kinder davon nichts übrig.

Unter Zugrundelegung der Verhältnisse im Sommer 1990 könnte man folgende Zusammensetzung des Vermögens erwägen:

	Wert TDM	% des ges. Vermögens	jährliche Erträge TDM	Rendite %
Eigentumswohnung	500	38,5	–	–,–*
Leibrente monatlich 2 000	300	23,1	24	8,0
Rentenfonds mit Auszahlplan	300	23,1	20	6,7**
7% Festgeld als Sparbuchersatz	60	4,6	4	7,0
2 kg Gold	40	3,1	–	–,–
Aktienfonds (deutscher)	100	7,7	4	4,0
	1 300	100,1	52	4,0

* Wohnwert nicht berücksichtigt

** Nicht Rendite sondern vereinbarte regelmäßige Auszahlung. Die Rendite kann darüber oder darunter liegen.

Läßt man die Eigentumswohnung aus der Rechnung heraus, beträgt die „Rendite" 52 × 100 : 800 = 6,5%.

Zur Beurteilung dieser Vermögensstruktur unter Berücksichtigung der individuellen Situation der Witwe benutzen wir die Aufstellung „Übersicht der Eignungstests" Kapitel 2.2.26 (Bitte klappen Sie die Aufstellung hinten in diesem Buch zu diesem Zweck heraus).

In der Tabelle sehen Sie bitte nacheinander die (senkrechten) Spalten

Eigenheim

Leibrente

Rentenfonds

Festgeld

Gold

Aktienfonds

an, wie sie bezüglich der einzelnen Kriterien bewertet sind. Damit Sie die Übersicht behalten, kreuzen Sie die senkrechten Spalten deutlich an. Wenn Sie jetzt die (waagerechte) Zeile betrachten, werden Sie zu folgendem Ergebnis kommen:

Reale Substanzerhaltung

Ein **Bonitätsrisiko** ist bei vorsichtiger Auswahl der Anlagen nicht zu erkennen.

Das **Marktrisiko** ist mit mehreren Fragezeichen bewertet.

Das **Geldwertrisiko** ist nur begrenzt berücksichtigt. Im Hinblick auf das Alter der Witwe kann man jedoch die schleichende

Geldentwertung wohl vernachlässigen, zumal die Witwe in 8 bis 10 Jahren weniger Ausgaben haben will.

Das **politische Risiko** schätzt man allgemein im Sommer 1990 gering ein. Nach einiger Zeit sollte geprüft werden, ob eine geographische Streuung erforderlich zu sein scheint, wie z.B. vor den Umwälzungen im Ostblock.

Die **Rentabilität** ist nach der Tabelle problematisch! In diesem konkreten Fall aber ist sie ausreichend. Mit 6,5%- ohne Eigentumswohnung – ist sie beachtlich hoch. (Wobei man den Substanzverzehr bei der Rente nicht vergessen darf!) Die Rentabilität erhöht sich im übrigen durch Gewinnbeteiligungen der Versicherungsgesellschaft, bei der die Leibrente gekauft wurde.

Die **Liquidität** ist in ausreichendem Umfang berücksichtigt.

Die **Verwaltbarkeit** ist gut. Die Witwe hat, ihrem Wunsch entsprechend, mit der Verwaltung ihres Vermögens kaum etwas zu tun.

Steuervorteile sind, außer gegebenenfalls höhere Abschreibungen bei der Eigentumswohnung, nicht gegeben.

Kurs-Chancen, Spekulationsgewinne sind möglich bei den Aktienfonds und bei der Eigentumswohnung.

Tauglichkeit für ältere Senioren: In dieser Zeile sind alle in der neuen Vermögensstruktur verwendeten Anlageformen mit einem Pluszeichen versehen.

Wir kommen also zu dem Ergebnis, daß die Witwe nach der Durchführung der aufgezeigten Umschichtungen sich um ihre finanzielle Situation keine Sorgen zu machen braucht. Dennoch bedarf ihre Vermögenslage nach einigen Jahren der Überprüfung. Wer weiß, wie die Welt in vier Jahren aussieht, wenn sie siebzig Jahre als ist?

2.6 Der Umgang mit Geld und Vermögen ist erlernbar:

Auch noch für Senioren! Es muß aber Freude machen!

Der Umgang mit Geld ist einmal eine Frage des Charakters, zum anderen eine Frage der Kenntnis der Spielregeln. (Dabei pflegt das „Spiel“ um Gewinn und Verlust ein sehr ernstes Spiel zu sein!)

Seinen Charakter wird ein Senior kaum noch ändern:

Optimisten

Pessimisten

Geizhälse

Verschwender

Spieler

Bedenkenträger und

Zauderer

werden das bleiben, was sie ein Leben lang waren. Aber die Spielregeln im Umgang mit Geld können sich alle aneignen.

Wer will, kann diesen Lernprozeß sehr breit anlegen. Volkswirtschaftliche, betriebswirtschaftliche und steuerrechtliche Kenntnisse sind von Nutzen. Aber es braucht viel Zeit, bis Sie diese Zusammenhänge einigermaßen überblicken. Einige dieser wirtschaftlichen Wechselbeziehungen sind so kompliziert, daß auch Fachleute darüber streiten.

Ein Beispiel:

Der US-$ wurde im Sommer 1990 mit 1,68 notiert. Warum der $ 1,68 kostete und nicht 1,38 oder 1,98 darüber gibt es viele Erklärungen, aber keine ist ganz stichhaltig.

In der Volkswirtschaftslehre wurde früher gelehrt, daß sich der Außenwert einer Währung, nach seinem Binnenwert richte. Das sollte heißen, wenn z.B. ein Kilo Butter in Deutschland 7 DM kostet und in den USA 3,5 US-$, dann müßte der Kurs für einen US-$ bei 2 DM liegen (7 : 3,5).

Vielleicht hat diese Theorie früher einmal gestimmt, heute stimmt sie schon lange nicht mehr. Der Binnenwert ist heute **ein** Faktor für die Preisbildung einer Währung. Es kommen andere Faktoren dazu, die übermächtig sein können! Als Beispiel sei das Zinsniveau eines Landes genannt. Wenn ich in Deutschland 6% Zinsen bekomme und in USA 12%, dann werden manche „in den Dollar gehen“ um mehr Zinsen kassieren zu können. Sie kaufen US-$ für DM. Also steigt der Kurs des US-$.

Natürlich spielt dann auch eine Rolle, wie die Marktteilnehmer die zukünftige Entwicklung der Zinsen einschätzen. Wenn wir dann noch bedenken, daß es schließlich Gründe hat, warum die Zinsen steigen oder sinken, dann fangen wir an zu ahnen, wie kompliziert die wirtschaftlichen Zusammenhänge sein können.

Ich rate niemandem, auch keinem Senior ab, volkswirtschaftliche Zusammenhänge zu studieren. Man muß aber wissen, daß man viel Zeit braucht, bis die Kenntnisse für die Fragen der Geldanlage ausreichen. Nicht jeder wird dieses Ziel erreichen.

Man kann den für den Umgang mit Geld und Vermögen erforderlichen Lernprozeß auch wesentlich einfacher gestalten. Wenn Sie außer diesem Buch die im Kapitel 2.6.2 aufgeführten Bücher ernsthaft studieren, also nicht nur lesen, sondern durcharbeiten, haben Sie das für Ihre Anlageprobleme notwendige Wissen bereits erworben.

2.6.1 Spezielle Literatur zur Geldanlage für Senioren: Bisher Fehlanzeige! Leider!

In der deutschsprachigen Literatur hat sich m.W. bisher niemand die Mühe gemacht, die speziellen Geldanlage-Probleme der Senioren zu untersuchen. Eigentlich erstaunlich, wenn man berücksichtigt, daß schon in wenigen Jahren die Senioren ein Viertel der Bevölkerung Deutschlands ausmachen werden.

Das hängt damit zusammen, daß in der Literatur zur Geldanlage überhaupt die persönliche Ausgangssituation der Anleger, also z. B. die der Senioren, vollkommen vernachlässigt wird.

2.6.2 Allgemeine Literatur zur Geldanlage: Viel Spreu und wenig Weizen!

Über die wirklich wichtigen grundsätzlichen Fragen zur Geldanlage wird viel zu wenig geschrieben, nämlich über zeitlos gültige Erkenntnisse und Regeln für eine erfolgreiche maßgeschneiderte Geldanlage! Diese grundlegenden Überlegungen sind es, die Sie niemals außer Acht lassen dürfen. Helfen können Ihnen dabei folgende Bücher:

(1) Brestel, Heinz. Fernlehrgang „Umgang mit Geld“.
Hirth-Institut AG, Zürich.

(2) Hübener, Erhard. Erst denken –dann anlegen. Gefährliche Illusionen bei der Geldanlage. 1989 Rudolf Haufe Verlag, Freiburg.

(3) Mühlbrandt, Frank. Die optimale Geldanlage. Vermögen bilden und die Zukunft sichern. Econ Taschenbuch Verlag 1988, Düsseldorf.

Erst nach dem Studium dieser Bücher ist es sinnvoll, sich den einzelnen Anlageformen wie Sparbuch, Aktien, Gold, Immobilien usw. intensiv zuzuwenden.

Hierbei ist für Sie das Kapitel 2.2 dieses Buches „Die einzelnen Anlageformen aus der Sicht der Senioren“ geeignet. Für weitere Einzelheiten empfehle ich außer dem genannten Buch von Mühlbrandt:

(4) „Vermögensdiagnose“. Ein Programm der Volksbanken und Raiffeisenbanken. Presseverlag, Berlin.

Eine sehr übersichtliche, hervorragende Darstellung der einzelnen Anlageformen. Die Broschüre enthält vieles, was Sie bei mir nicht finden, weil es den Rahmen meines Buches sprengen würde.

Zur laufenden Orientierung und als Nachschlagewerk kann ich Ihnen empfehlen:

(5) Das Geld abc (einbändiges, übersichtliches Loseblattwerk mit Ergänzungslieferungen). WRS Verlag, Planegg b. München.

Natürlich kosten Ergänzungslieferungen Geld. Aber sie sind ein – häufig notwendiger – Ansporn, sich immer wieder mit der Materie zu beschäftigen.

Wertvolle Anregungen können Sie außerdem bekommen in den Jahrbüchern:

(6) Jahrbuch für Kapitalanleger von Heinz Brestel.
C. V. Central-Versand, CH-3063 Ittigen/Bern.

(7) GELD + ANLAGE. Erich Erlenbach (Hrsg.)
FAZ/Blick durch die Wirtschaft.

(8) Das Geldbuch. Rudolf Haufe Verlag, Freiburg.

In diesen Büchern sind auch die Abschnitte „Prognosen“ so vorsichtig gehalten, daß sich ihre Lektüre für Sie lohnt.

Dagegen bringen Ihnen Informationsdienste, Börsendienste u.ä. für grundlegende Überlegungen über Ihre Geldanlage keinen rechten Nutzen. Man kann das von diesen Diensten auch garnicht verlangen, denn sie beschäftigen sich mit Aktualitäten und geben Tips.

Daß der Informationswert der meisten dieser Veröffentlichungen zweifelhaft ist, dürfte mindestens nach dem Börsenkrach 1987, dem Börsenkrach 1989, dem Rentendebakel 1989/90 und den Kursstürzen an der japanischen Börse 1990 klar sein. Im übrigen sind all diese Dienste – im Vergleich zu einem Buch – recht teuer, denn sie kosten jährlich 300 bis 500 Mark, in einem Fall sogar 2 400 DM!

Ich leugne nicht, daß manche Börsendienste und manche Wirtschaftsmagazine eine spannende Lektüre sind. Deswegen verkaufen sie sich ja auch so gut. Nur hat z. B. eine „story“, wie jemand reich geworden ist, wenig, meist gar nichts mit Anlageproblemen der Senioren zu tun.

Aber wenn Sie Spaß daran haben, wenn Sie die grundlegenden Voraussetzungen einer erfolgreichen Geldanlage – nämlich Prüfung, ob eine Anlage zu Ihnen paßt und das Wissen um die Unverzichtbarkeit der Streuung – gründlich gelernt haben, warum sollten Sie dann nicht „heiße Tips“ lesen? (Vorausgesetzt, daß Sie diese nicht oder nur in geringem Umfang befolgen!)

Wenn es Ihnen allzu schwer fällt, den Umgang mit Geld und Vermögen zu erlernen, dann sollten Sie es lassen! Sie haben in Ihrem Leben manches lernen müssen, was Ihnen keinen Spaß gemacht hat. Aber es mußte sein. Jetzt sind Sie im sechsten, siebten oder achten Lebensjahrzehnt, und Sie müssen sich nicht damit belasten!

Allerdings werden Sie dann nicht vermeiden können, die Dienste eines unabhängigen Beraters in Anspruch zu nehmen. Wie man das macht und was man dabei beachten muß, finden Sie im folgenden Kapitel über den Umgang mit Beratern.

Zunächst aber sollten Sie versuchen, die in diesem Buch enthaltenen Ratschläge zu befolgen! Sie sind dann vor Verlusten weitgehend geschützt.

Einzelheiten, die Ihnen nicht bekannt sind, können Sie bei jeder Bank und bei jedem Steuerberater erfahren. Nur dürfen Sie sich bei solchen Gesprächen nicht von Ihrer Strategie abbringen lassen! (Falls Ihnen jemand etwas anderes verkaufen will, was nicht unwahrscheinlich ist!)

Es bleibt noch die Frage, wann man den Umgang mit Geld und Vermögen lernen sollte. Die Antwort kann nur lauten: möglichst früh!

Das gilt besonders für Ehefrauen, die gewöhnt sind, die Geldsachen ihrem Partner zu überlassen. Viele Ehefrauen haben geradezu eine psychologische Sperre, wenn sie den Umgang mit Geldsachen lernen sollen. Sie glauben vielleicht, daß diese Kenntnisse für sie erst notwendig sind, wenn der Partner tot oder handlungsunfähig ist.

Wer seine Frau liebt, sollte beharrlich bemüht sein, derartige psychologischen Hemmnisse abzubauen. Der Verlust eines geliebten Menschen wird nicht leichter dadurch, daß man in finanziellen Dingen ahnungslos ist! „Lehre Deine Frau, Witwe zu sein“ sagen die praktisch denkenden Amerikaner.

Wer den Umgang mit Geld und Vermögen nicht beherrscht und wer absolut keine Möglichkeit sieht, sich die notwendigen Kenntnisse zu erwerben, der muß wie gesagt versuchen, einen guten Berater zu finden. (Hinweis auf Kapitel 2.7 „Vom Umgang mit Beratern: Vorsicht ist angebracht.“)

2.7 Vom Umgang mit Beratern: Vorsicht ist angebracht!

Wenn Sie in Fragen der Geldanlage schlecht beraten wurden, kann das an zwei Personen liegen: an Ihnen selbst oder an Ihrem Berater.

Zunächst zum Berater. Wie finden Sie ihn, woran erkennen Sie ihn?

Wenn zahlreiche Banken Ihnen Vermögensberatung anbieten, so ist das häufig ein falsches Etikett. Es handelt sich meist dabei um Verwaltung eines Wertpapierdepots. Der Unkundige weiß aber oft gar nicht, ob Aktien oder Anleihen überhaupt zu seiner Situation passen.

Über die Problematik der Allfinanzangebote haben wir schon in Kapitel 2.4.2 gesprochen. Der entscheidende Mangel am Allfinanz-Service liegt darin, daß der Allfinanz-Berater für Sie nicht genügend Zeit hat. Eine gründliche Bestandsaufnahme Ihrer persönlichen Situation und die zwingend notwendige Entwicklung einer persönlichen Anlagestrategie sind sehr zeitintensiv, selbst wenn Sie Ihre Finanzunterlagen gut geordnet haben (was eine rühmliche Ausnahme wäre!). Zeitintensiv heißt, daß es nicht in ein paar Stunden zu schaffen ist. Man braucht – je nach Einzelfall – mehrere Besprechungen zu jeweils mehreren Stunden. Diese Zeit kann ein Allfinanzberater nicht für Sie aufwenden, denn er soll ja verkaufen!

Wie sieht es mit der Beratung durch unabhängige Berater aus? Zunächst einmal: unabhängig ist nicht gleichbedeutend mit seriös. Wenn Sie Ihren Berater nicht schon lange kennen, ist Vorsicht angebracht – eine Vorsicht, die Sie bei deutschen Banken, Sparkassen, Versicherungen und Bausparkassen nicht brauchen. Dort werden Sie zwar in aller Regel einseitig beraten, aber niemals betrogen werden.

Weiter gilt es, sich ein Bild über die Qualifikation des Beraters zu machen. Wie Sie das machen sollen? Sie brauchen ihn nur nach dem Ablauf seiner Beratung zu fragen und dann mit dem folgenden Ablaufplan zu vergleichen. (Vielleicht arbeitet er gar nicht nach einem Ablaufplan!)

Ablaufplan einer unabhängigen Vermögensberatung

Phase I Unverbindliches und kostenloses Kontaktgespräch über Inhalt und Umfang der Beratung sowie über Honorierung.

⇓

Phase II Bestandsaufnahme des Vermögens.

⇓

Phase III Feststellung der persönlichen Ausgangssituation.

⇓

Phase IV Schriftliche Analyse der bisherigen Zusammensetzung des Vermögens.

⇓

Phase V Erarbeitung und schriftliche Niederlegung der optimalen Anlagekonzeption.

⇓

Phase VI Feststellung der erforderlichen Änderungen in der Zusammensetzung des Vermögens. Zeitliche Planung der Vermögensumschichtungen.

⇓

Phase VII Bei Bedarf: Kontrolle der Durchführung der Anlagekonzeption und laufende Beratung.

Erläuterung der einzelnen Phasen:

Phase I: Unverbindliches und kostenloses Kontaktgespräch über Inhalt und Umfang der Beratung sowie über Honorierung

Zur Erläuterung von Inhalt und Umfang der Beratung sollte die Erklärung des Ablaufplanes anhand von Aufzeichnungen über eine kürzlich durchgeführte Vermögensberatung erfolgen. (Wegen der gebotenen Vertraulichkeit natürlich in neutralisierter Form).

Dabei wird der Interessent an praktischen Beispielen unter anderem mit den folgenden Grundwahrheiten vertraut gemacht (die den aufmerksamen Lesern dieses Buches schon bekannt sind):

- daß es keine objektiv guten, sondern nur subjektiv geeignete Anlagen gibt,
- daß eine Vermögensberatung sich nicht auf Wertpapiere beschränken darf, sondern umfassend sein muß,
- daß sogenannte „heiße Tips“ nicht Bestandteil einer seriösen Vermögensberatung sein können.
- daß für die vielerorts bestehende Steuererspar-Neurose, die häufig im krassen Gegensatz zur wirtschaftlichen Vernunft steht, bei einer guten Vermögensberatung kein Raum ist.

Welchen Preis hat eine solche individuelle Beratung? Zur Frage des Honorars kann ganz allgemein Folgendes gesagt werden: Läßt sich ein Geldanleger von einem unabhängigen Fachmann beraten, der keine Anlagen verkauft und keine Provisionen bezieht (was seine Unabhängigkeit beeinträchtigen würde), dann wird der Berater ein Honorar fordern müssen.

Wonach sollte sich das Honorar bemessen? Die Honorierung von Beratungsleistungen nach dem Erfolg ist sehr problematisch und für die beruflich qualifizierten Berater in der BRD standesrechtlich verboten. Als sauberste Lösung hat sich die Honorierung nach dem Zeitaufwand, also das Stundenhonorar herausgestellt.

Phase I sollte auf jeden Fall kostenlos sein! Die für die Phasen II bis VI erforderliche Stundenzahl kann (und sollte!) beim Kontaktgespräch anhand der steuerlichen Vermögenserklärung geschätzt werden. Diese Stundenzahl multipliziert mit dem von dem Berater zu erfragenden Honorar pro Stunde ergibt den Honoraraufwand, mit dem der Kapitalanleger rechnen muß. Wenn Sie dann einen Stundensatz von beispielsweise DM 200 oder 300 hören, denken Sie daran, was die Arbeitsstunde eines Kraftfahrzeugschlossers kostet.

Bei einer längeren Zusammenarbeit kann sich eine Pauschalierung des Honorars als sinnvoll erweisen.

Phase II: Bestandsaufnahme des Vermögens

Die Bestandsaufnahme erfolgt in der Regel anhand der letzten Vermögensteuererklärung und ggf. aufgrund zusätzlicher Informationen des Mandanten. Die Bestandsaufnahme stellt den ersten, unverzichtbaren Schritt der Beratung dar. Sie kann zeitaufwendig sein, wenn die erforderlichen Unterlagen nicht geordnet oder lückenhaft sind.

Phase III: Feststellung der persönlichen Ausgangssituation

In dieser Phase werden die persönlichen Verhältnisse des Anlegers festgestellt. Persönliche Ziele und Pläne, Familienverhältnisse, Lebensstil sowie andere relevante Umstände wie z.B. Risikobereitschaft, werden auf ihre Konsequenzen für die Vermögensanlage durchdacht, Ihr Alter und ggf. das Ihres Lebenspartners ist dabei von großer Bedeutung.

Dabei gilt es, die fünf wichtigsten Anforderungen der Senioren an die Anlageformen

- ❍ Reale Substanzerhaltung
- ❍ Rentabilität (nach Steuern)
- ❍ Liquidierbarkeit
- ❍ Verwaltbarkeit
- ❍ Tauglichkeit für ältere Senioren

sinnvoll auf die konkrete Anlagesituation anzuwenden. Die Kunst der Geldanlage besteht ja vor allem darin, die für den Einzelfall optimale Kombination dieser fünf Kriterien herauszufinden und zu verwirklichen. Daher ist die gründliche Analyse der persönlichen Ausgangssituation des Anlegers eine absolut notwendige Grundlage einer qualifizierten Vermögensberatung.

Bei der Feststellung der persönlichen Ausgangssituation haben erfahrungsgemäß zwei Fragen eine fundamentale Bedeutung:

Stehen größere Ausgaben bevor?
Beispielsweise Steuerzahlungen, Kauf oder Bau eines Hauses, Aussteuer einer Tochter, Auslands-/Studienaufenthalt von Kindern, oder ähnliches.

Für solche Zwecke vorgesehene Beträge dürfen in jedem Fall nur kurzfristig angelegt werden, wobei vor allem auf Kosten bei der Anlage und bei ihrer Liquidierung geachtet werden muß. Hier empfiehlt sich häufig die Anlage als Festgeld oder als bonifiziertes Sparguthaben.

Phase IV: Schriftliche Analyse der bisherigen Zusammensetzung des Vermögens

Die Beurteilung der Zusammensetzung des Vermögens erfolgt individuell aufgrund der Feststellungen über die persönliche Ausgangssituation. (Phase III)

Wurden die Anlageregeln in der für den konkreten Fall geltenden Rangordnung berücksichtigt? Wurde vor allem das Gebot der Streuung genügend beachtet?

Die Streuung größerer Vermögensanlagen sollte umfassen: Sachliche Streuung (z.B. Festverzinsliche, Aktien, Immobilien, Gold) und geographische Streuung. Streuung ist in erster Linie ein geeignetes Mittel, um die Sicherheit vor Verlust Ihrer Anlage zu erreichen. Wer etwa sein gesamtes Vermögen in Gold oder in Kaufhausaktien oder ausschließlich in festverzinslichen Wertpapieren anlegt oder (bei größerem Vermögen) Anlagen nur in einem Land erwirbt, versündigt sich gegen diese elementare Grundregel.

Darüber hinaus schützt die Streuung in gewissem Umfang gegen Fehler bei der Einschätzung der persönlichen Ausgangssituation oder bei der Wahl des richtigen Zeitpunktes für den Kauf einer Anlage, weil Fehler sich ausgleichen können.

Phase V: Erarbeitung und schriftliche Niederlegung der optimalen Anlagekonzeption

Ausgehend von der vorhandenen Zusammensetzung des Vermögens (Phase II) und ausgerichtet auf die persönliche Ausgangssituation (Phase I) wird nun eine individuelle, „maßgeschneiderte“ Anlagestrategie entwickelt und schriftlich festgehalten. Dies ist der Kern und der eigentliche Schwerpunkt der Beratung. Hier kann der qualifizierte Berater zeigen, was er kann.

Phase VI: Feststellung der erforderlichen Änderungen in der Zusammensetzung des Vermögens. Zeitliche Planung der Vermögensumschichtungen.

Zur Überführung des „status quo“ der Vermögensanlage bei Beginn der Beratung in einen der Anlagestrategie entsprechenden Zustand wird ein Aktionsplan aufgestellt, der auch den Zeitpunkt der erforderlichen Änderungen, also das „timing“ enthält. Jetzt, und erst jetzt ist es an der Zeit und wichtig, zu entscheiden, ob und wann im Rahmen des Anlageplans z.B. diese oder jene Aktien gekauft werden sollen, oder ob man Gold kaufen soll und wenn ja, in welcher Form und wann.

Mit dem schriftlich fixierten Ergebnis der Phasen II bis VI ist die Erarbeitung der Anlagekonzeption zunächst einmal abgeschlossen.

Phase VII: Kontrolle und Durchführung der Anlagekonzeption und laufende Beratung.
Es ist der Entscheidung des Anlegers im Einzelfall überlassen, ob während der Durchführung der Anlagekonzeption, die sich erfahrungsgemäß über Monate oder Jahre erstreckt, eine weitere, laufende Beratung gewünscht wird.

Der Abschluß eines Vermögensverwaltungsvertrages (nicht zu verwechseln mit der häufig angebotenen Depotverwaltung), ist ebenfalls möglich, sollte aber erst ins Auge gefaßt werden, wenn sich zwischen dem Anleger und seinem Berater ein besonders gutes Vertrauensverhältnis entwickelt hat. Denn bei der Vermögensverwaltung gibt der Eigentümer sein Vermögen für eine bestimmte Zeit ganz oder teilweise in die Hand des beauftragten Vermögensverwalters; eine Entscheidung, die gut überlegt sein will und keinesfalls übereilt getroffen werden sollte. (Das gleiche gilt für die Anordnung einer Testamentsvollstreckung, an die ein vermögender Senior auch denken muß!)

Zusammenfassung

Individuelle Beratung bei der Anlage und bei der Verwaltung von Vermögen ist eine sehr qualifizierte Tätigkeit, die umfangreiche volkswirtschaftliche, betriebswirtschaftliche und steuerrechtliche Kenntnisse (auch im zwischenstaatlichen Steuerrecht) und viel Erfahrung voraussetzt.

Ein guter Berater widmet seinem Mandanten die erforderliche Zeit. Eine solche Beratung kann nicht billig sein. Sie ist „kostbar“, kostet bares Geld, macht sich aber hundertfach bezahlt.

Wenn dagegen eine Beratung nichts kostet, muß man davon ausgehen, daß der Berater sein Entgelt von anderer Seite bezieht. Die Gefahr der mangelnden Unabhängigkeit ist dann groß.

Nur eine Vermögensberatung, die der oben dargestellten ebenbürtig ist, gibt dem ratsuchenden Geldanleger die Chance, sein Vermögen auch in turbulenten Zeiten zu wahren und möglichst zu mehren. (Das gilt für Senioren genauso wie für jüngere Anleger).

Aber auch bei einem guten Berater kann das Ergebnis der Beratung schlecht sein! Nämlich dann, wenn Sie Ihren Berater nicht ausreichend informieren!

Wer sich ärztlich untersuchen läßt und dabei über sein Befinden falsche oder nicht vollständige Auskünfte gibt, kann nicht erwarten, daß der Arzt die richtige Diagnose stellt und die bestmögliche Behandlung empfiehlt. Das gilt sinngemäß für die Beratung bei der Geldanlage.

Wenn Sie Geldanlagen getätigt haben, die dem Finanzamt nicht bekannt sind, ist es problematisch, darüber mit Ihrem Steuerberater zu sprechen. Er macht sich nämlich strafbar, wenn er z. B. bei Ihrer nächsten Einkommensteuer-Erklärung sein Wissen gegenüber dem Finanzamt verschweigt.

Ihrem Vermögensberater gegenüber sollten Sie jedoch auf jeden Fall alle Karten aufdecken, weil er Sie sonst falsch berät. Nur dann kann Ihr Berater dafür sorgen, daß Sie eine erstens auf Ihre individuelle Situation abgestimmte und zweitens das Risiko ausgewogen verteilende Geldanlage durchführen können.

Beratung bei der Geldanlage kann sich auch auf vertrauliche Familienangelegenheiten erstrecken und auch zu einem Gespräch über Fragen der Lebensphilosophie führen. Es bleibt Ihnen natürlich überlassen, wie weit Sie bei einem solchen Gespräch gehen wollen. Je offener Sie sind, um so besser können Sie beraten werden.

3 Nachdenkliches zu Geist und Geld der Senioren

3.1 Über den Umgang der Senioren mit sich selbst

Die Quintessenz der Weisheit der Senioren:

Stets eine angemessene Einstellung zu seiner jeweiligen Lebensphase zu haben.

Weder vom Körper noch vom Geld hängt es ab, ob ein Mensch glücklich ist, sondern davon, ob er mit sich zurecht kommt. (Demokrit)

Der Reichtum besteht nicht im Besitz von Schätzen, sondern in der Anwendung, die man von ihnen zu machen versteht. (Napoleon I)

Je älter Sie sind, um so mehr sollten Sie in der Gegenwart leben. Dies gilt ganz allgemein, aber auch im Umgang mit Vermögen.

Wer im Seniorenalter geizig ist, verschenkt Gesundheit und Lebensfreude und zahlt drauf. (Kaplan Flury)

Was hülfe es dem Menschen, so er die ganze Welt gewönne und nähme doch Schaden an seiner Seele? (Matthäus 16/26). Die Richtigkeit dieses Christus-Wortes wird jeder Seelenarzt bestätigen können. Aber ein weiser Umgang mit Geld und Vermögen schädigt die Seele nicht!

3.2 Über die Kunst der Geldanlage

Die Quintessenz der Geldanlage: Nur eine auf die individuelle Situation des Anlegers abgestimmte und das Risiko ausgewogen verteilende Geldanlage wird längerfristig erfolgreich sein.

Das einzige, worauf Sie sich bei der Geldanlage absolut verlassen können, ist die schleichende Geldentwertung.

Wenn Sie die Lehren dieses Buches beherzigen, können Sie das Geldwertrisiko für Ihr Vermögen weitgehend ausschließen. Sie dürfen aber nie vergessen, daß es die schleichende Geldentwertung gibt. Ein Trost: Je älter Sie sind, um so weniger berührt Sie diese, solange nicht eine galoppierende Inflation daraus geworden ist.

Nur das eigene Haus, Kunstwerke und Schmuck haben einen unmittelbaren Gebrauchswert. Gold, Aktien, Investmentfondsanteile usw. muß man erst verkaufen, um Geld dafür zu bekommen. Und erst für Geld können Sie sich Güter und Dienstleistungen kaufen, die Sie unmittelbar nutzen können. Deswegen kann Bargeld so wichtig sein.

Wenn Ihnen jemand zu einer Geldanlage rät, fragen Sie bohrend nach den Nachteilen der Anlage. Die Vorteile der Anlage werden Ihnen ohnehin genügend angepriesen.

Großes Mißtrauen bitte, wenn Ihnen jemand sagt, eine Geldanlage sei eilig!! Für den normalen Anleger gibt es keine Eile in Geldanlagen!

Lassen Sie sich niemals von Äußerlichkeiten beeindrucken!! Betrüger pflegen auf großem Fuß zu leben und sind darauf angewiesen, Eindruck zu schinden!!

3.3 Über den sinnvollen Verbrauch von Vermögen: Wenn Sie nicht im Alter ernten wollen, wann dann?

Eine absolut sichere Geldanlage hat es nie gegeben und wird es nie geben. Erinnerungen jedoch, z.B. an eine schöne Reise, kann Ihnen niemand nehmen!

Wenn der Traum vom eigenen Haus erfüllt ist, fehlt es oft an Barvermögen, so daß Sie auf vieles verzichten müssen, was Sie sich sonst gerne leisten würden. Falls Sie es schaffen, befreien Sie sich von diesem Zwang, auch wenn es erst einmal wehtut. (Daß Ihre Kinder nicht begeistert sind, wenn ihr Nest verkauft wird, ist klar. Aber soll dieser Gesichtspunkt ausschlaggebend sein?)

Ein sorgfältig geplanter Vermögensverzehr durch den Senior ist, wenn er das Geld nicht geerbt, sondern selbst oder zusammen mit seinem Lebenspartner erworben hat, keineswegs moralisch verwerflich!

Erben lieben geizige Erbonkel und Erbtanten!

Es ist gar nicht leicht, Vermögen so zu vererben, daß der Begünstigte wirklich einen Nutzen davon hat. Versetzen Sie sich in seine Lage, wenn Sie Ihr Testament machen.

„Lehre Deine Frau, eine Witwe zu sein“! Diese amerikanische Redensart klingt schrecklich, aber: Der Verlust eines geliebten Menschen wird nicht dadurch leichter, daß man in finanziellen Dingen ahnungslos ist.

Anhang

Erläuterung von im Text gebrauchten Fachausdrücken

Bei Erklärungen wird auf Feinheiten verzichtet, soweit das sachlich vertretbar ist. Es kommt mir darauf an, einen nicht einschlägig vorgebildeten Leser zu informieren, ihn aber nicht durch Einzelheiten zu verwirren.

Abzinsung Wenn ich 1 000 DM schulde, aber erst in 2 Jahren, so beträgt diese Schuld heute (bei einem angenommenen Zinssatz von 6%) nur 890 DM.

Denn:	890,00 DM
+ 6% Zinsen 1. Jahr	53,40 DM
	943,40 DM
+ 6% Zinsen 2. Jahr	56,60 DM
	1 000,00 DM

Akribie Genauigkeit

Aktie Wertpapier, das einen Anteil am Kapital und damit einen Anteil am Gewinn und mittelbar am Verlust (!) einer Aktiengesellschaft verkörpert. Der Handel mit Aktien findet vorwiegend an der Börse statt (siehe Börse).

Aktienfonds Investment-Fonds, der in seinem Vermögen überwiegend Aktien hat

Aktienhausse starkes Ansteigen der Aktienkurse (siehe Börse)

Aktienindex	Kennzahl der Entwicklung der Börsenkurse von Aktien
Aktienmarkt	siehe Aktie, siehe Börse
Aktionär	Eigentümer von Aktien
Allfinanzservice	siehe Kapitel 2.4.2
Alternative	Wahlmöglichkeit
Amnestie	Straffreiheit
analysieren	untersuchen
Anlageformen	zusammenfassender Begriff für die Anlagemöglichkeiten. Die wichtigsten sind: Sparguthaben Festgeldanlagen Bausparen Versicherungssparen festverzinsliche Wertpapiere Rentenfonds Leibrenten Aktien Aktienfonds Immobilien Immobilienfonds selbstgenutztes Einfamilienhaus Gold Diamanten
Anleihen	Form der Geldanlage (siehe Kapitel 2.2)
Argument	Begründung
Arteriosklerose	Adernverkalkung (Alterskrankheit)

Aufbaukonto	Konto bei einer Investmentgesellschaft, das für regelmäßige Einzahlungen gedacht ist
Aufzinsung	Veränderung eines Geldbetrages durch Zinsen. Dabei ist der Ausgangsbetrag nach einem Jahr um die Zinsen höher. Beispiel: (Ausgangsbetrag DM 100, Zinsen 6%)

1. Januar 1985	200,— DM
Zinsen für 1985	12,— DM
	212,— DM
1. Januar 1986	212,— DM
Zinsen für 1986	12,72 DM
	224,72 DM
1. Januar 1987	224,72 DM
Zinsen für 1987	13,48 DM
	238,20 DM

und so weiter. Die große Wirkung von Zinsen und Zinseszinsen über einen längeren Zeitraum wird regelmäßig unterschätzt.

Ausschüttung	Auszahlung von Gewinnanteilen
Ausgabeaufschlag	Unterschied zwischen Kaufpreis und Rücknahmepreis eines Investmentanteils
Börse	regelmäßig stattfindender, nach feststehenden, strengen Regeln organisierter Markt, bei dem Wertpapiere gehandelt werden
Bausparen	siehe Kapitel 2.2.11
Bonifizierte Sparguthaben	Sparguthaben, die über dem üblichen Mindestsatz verzinst werden.

blue chips	Angloamerikanischer Ausdruck für Aktien eines erstklassigen Unternehmens
Bonität	Güte, Wert (in bezug auf Personen und Firmen in der Wirtschaft)
Bundesschuldbuch	Ein bei der Bundesschuldenverwaltung geführtes Verzeichnis der Schulden der Bundesrepublik Deutschland
Bruttosozialprodukt	Summe der Güter und Dienstleistungen, die ein Land hervorbringt
Checkliste	Kontrolliste, Abfrageliste
Crash	Krach, Absturz. Gemeint ist meist ein schneller Rückgang der Kurse von Wertpapieren an den Börsen
Debakel	Zusammenbruch, Niederlage
definieren	erklären
Defizit	Fehlbetrag
Depot	Aufbewahrungsort bei Banken, insbesondere für Wertpapiere
Devisen	auf ausländische Währung lautende Zahlungsmittel oder Forderungen
Disagio	Abzug vom Nennwert einer Summe. Sie leihen z. B. 100 000 DM, bekommen aber nur 97 000 DM ausbezahlt
diskutieren	eingehend besprechen, Meinungen austauschen

Diskrepanz	Unterschiedlichkeit, Widersprüchlichkeit, Auseinanderklaffen
Dividenden	Gewinnausschüttungen der Aktiengesellschaften
Elastizität	Beweglichkeit
Emanzipation	rechtliche und gesellschaftliche Gleichstellung der Frau mit dem Mann
Emission	im Wertpapiergeschäft: Ausgabe von neuen Wertpapieren
Emotion	(übermäßige) Gefühlsbewegung
Euphorie	Zustand, in dem man zu übertrieben günstiger Einschätzung neigt
Expertisen	Gutachten durch Sachverständige
Festgeldguthaben	Termingeld. Geld, das der Kunde einer Bank für eine im voraus festgesetzte Dauer zu einem bestimmten Zinssatz zur Verfügung gestellt hat
Festverzinsliche Wertpapiere	praktisch = Rentenwerte, = Schuldverschreibungen, = Kommunalobligationen, = Obligationen, = Anleihen, = Pfandbriefe. Wertpapiere, die vom Schuldner zu einem während der ganzen Laufzeit festen Satz zu verzinsen sind. Am Ende der Laufzeit werden sie zum Nennwert zurückgezahlt
Finanzierungsschätze	siehe Kapitel 2.2.5

Finanz-innovationen	siehe Kapitel 2.2.25
flexibel	beweglich (geistig)
Floater	siehe „Finanzinnovationen“ Kap. 2.2.25
Fonds	Anlagefonds, Vermögen, das von Anlegern zum Zwecke gemeinschaftlicher Kapitalanlage aufgebracht und von der Fondsleitung für Rechnung der Anleger verwaltet wird
Fonds-management	Leitung eines Fonds (siehe Fonds)
fundiert	untermauert
Geldanlage	= Vermögensanlage, = Kapitalanlage (1) Wenn ich z. B. Aktien kaufe, tätige ich eine Geldanlage (2) Der Ausdruck wird auch für einzelne Formen der Geldanlage gebraucht, wie Aktien Gold Immobilienfonds (siehe auch Anlageformen)
Geldentwertung	Teuerung, Inflation. Die Preise steigen allgemein
Genußscheine	Gewinnbeteiligungspapiere ohne Stimmrecht
Immobilien-fonds (geschlossener)	Eine Gesellschaft, die eine oder mehrere Immobilien besitzt, und deren Eigenkapital von mehreren Anlegern aufgebracht wird. Für die Beteiligung werden Zertifikate ausgegeben. Sind diese untergebracht, wird der Fonds geschlossen. Die Käufer der Zertifikate streben

	wirtschaftlich und steuerlich die „Bauherrneigenschaft" an, die steuerlich Vorteile bringen soll.
Immobilienfonds (offener)	Anlagefonds, dessen Vermögen vor allem aus Grundstücken und Gebäuden besteht. Offene Immobilienfonds sind solche, die laufend Anteile ausgeben und zurückkaufen. (Geschlossene Immobilienfonds siehe dort.)
individuell	je nach den einzelnen Menschen verschieden
Inflation	Teuerung, Geldentwertung. Die Preise steigen allgemein
Inflationsrate	Ausmaß der Geldentwertung in %
Inkasso	Einziehung fälliger Forderungen
Innovationen	neue Angebote
Insider	Person, die über wichtige, nicht allgemein zugängliche Informationen verfügt
insolvent	zahlungsunfähig
Investition	bankmäßige Bezeichnung für Vermögensanlage im allgemeinen
Investmentfonds	Anlagefonds. Oberbegriff von Aktienfonds, Rentenfonds und Immobilienfonds (siehe Fonds)
Investor	Anleger
irrational	mit dem Verstand nicht faßbar
kalkulieren	berechnen

Kalorien	alte Bezeichnung für den Nährwert von Lebensmitteln
Hobby	Beschäftigung, der man aus Freude an der Sache nachgeht
homogen	gleichartig
Homo oeconomicus	ein nur wirtschaftlich denkender Mensch
Honorierung/ Honorar	Bezahlung für sehr qualifizierte Dienste
Illegalität	Ungesetzlichkeit, hier: Das Verschweigen von Einkünften vor dem Finanzamt. Gegensatz: Legalität (siehe dort)
Illusion	Täuschung, Selbsttäuschung, oberflächliche Vorstellung
Immobilien	Immobil heißt unbeweglich. Gemeint sind Grundstücke und Gebäude
Kaufkraft	Die Kaufkraft einer Währung, z. B. US-Dollar oder DM, bemißt sich danach, wieviel man für eine Einheit des Geldes an Waren kaufen kann
Klausel	Sondervereinbarung
Koalition	Bündnis
Kombination	Verbindung
Kommunal-obligationen	Schuldverschreibungen einer Stadt
kompensieren	ausgleichen

Konjunktur	Wirtschaftliche Gesamtlage
Konkurs	Zwangsweise Auflösung des Vermögens eines Schuldners und Verteilung des Erlöses an die Gläubiger. (Für den Aktionär bleibt dabei nichts übrig)
Konzeption	Grundvorstellung, Plan
Kreativität	Schöpferkraft
Kredit	Aufnahme von Geld - Verschuldung
Kriterien	Prüfsteine
kumulieren	anhäufen
Kurs	Börsen- oder Marktpreis von Wertpapieren oder Devisen
Legalität	Gesetzmäßigkeit, hier: Befolgung der Steuergesetze
Leibrente	Gegen eine Einmalprämie verpflichtet sich eine Versicherungsgesellschaft, bis zum Tode des Begünstigten ihm monatlich eine bestimmte Rente zu bezahlen. (Bei einem frühen Todesfall wird ggf. ein Teil der Prämie an die Erben zurückgezahlt.)
Liquidierbarkeit	Die Möglichkeit, eine getätigte Anlage wieder in Geld zurückzuverwandeln
Management	Leitung eines Unternehmens
Mandant	Auftraggeber
Mobilität	Beweglichkeit

minimieren	möglichst klein halten
Nennwert	Der auf Wertpapieren angegebene (nominelle) Forderungsbetrag im Unterschied zum Markt- oder Kurswert
Neurose	hier: Krankhaft übersteigerte Wertschätzung
nominal	den Nennwert betreffend, z. B. die Zahl, die auf dem Geldschein aufgedruckt ist (siehe auch „real".)
Öffentliche Körperschaften	Vor allem Bund, Länder und Gemeinden
Ökonom	Wirtschaftler
Optionsanleihen	siehe Kapitel 2.2.14
Options-geschäfte	siehe Kapitel 2.2.23
optimistisch	zuversichtlich
partizipieren	teilhaben
Pauschalierung	allgemeine Vergütung anstelle der Vergütung von Einzelleistungen
pädagogisch	erzieherisch
Pfandbriefe	siehe Kapitel 2.2.8
Phänomen	ungewöhnliche Erscheinung
Potential	Leistungsfähigkeit
Prognose	Vorhersage einer künftigen Entwicklung

progressive Besteuerung	Gegensatz zu prozentualer Besteuerung, also z. B. 30% vom Gewinn. Bei progressiver Besteuerung wächst der Prozentsatz um so mehr, je höher das Einkommen ist
Projekt	Plan, Vorhaben
Prophet	Seher der Zukunft, Weissager
provozieren	herausfordern
qualifiziert	besonders geeignet
Quellensteuer	In manchen Ländern, z. B. in der Schweiz und Österreich, wird ein Prozentsatz der auszuzahlenden Zinsen für den Staat abgezogen. In der BR Deutschland wurde die Quellensteuer ab 1. Januar 1989 eingeführt aber zum 30. Juni 1989 wieder abgeschafft.
Quintessenz	Hauptgedanke, das Wesentliche
rational	vernünftig, verstandesmäßig
real	wirklich, tatsächlich. In diesem Buch wird der Ausdruck immer im Zusammenhang mit der Kaufkraft des Geldes benutzt.(Was kann ich dafür kaufen?) Die reale (tatsächliche) Kaufkraft von 100 DM war vor 10 Jahren zweifellos größer als heute. Gegensatz: Nominal. (Der 100 Mark Schein war vor 10 Jahren derselbe wie heute. S. auch nominal.)
relevant	wichtig, bedeutsam
Rendite	Ertrag

Rentabilität (objektive)	Verhältnis des Ertrages zum eingesetzten Geld. Wichtiger für den Anleger ist die „subjektive Rentabilität“ (siehe dort)
Rentabilität (subjektive)	Gegensatz zur objektiven Rentabilität. Verhältnis des Ertrages nach Abzug der von dem Anleger zu zahlenden Steuern (z. B. Einkommensteuer, Kirchensteuer, evtl. Grundsteuer, Vermögensteuer) zum eingesetzten Geld. Die subjektive Rentabilität ist also beim Millionär viel geringer als beim Hilfsarbeiter. Zahlt dieser wegen sehr geringer Einkünfte keine Steuern, ist die subjektive Rentabilität gleich der objektiven Rentabilität.
Rentenfonds	Anlagefonds, deren Vermögen überwiegend in festverzinslichen Wertpapieren angelegt ist. (siehe festverzinsliche Wertpapiere.)
Risiko	Wagnis, Gefahr, Verlustmöglichkeit
Risiko-Lebensversicherung	Eine „normale“ Lebensversicherung zahlt beim Todesfall oder bei Erreichen eines bestimmten Alters. Die zu zahlenden Prämien beinhalten Risikoanteil, Verwaltungskosten und Sparanteil. Die Risiko-Lebensversicherung zahlt nur im Todesfall. Die Prämie enthält keinen Sparanteil und ist daher erheblich billiger (die Provision der Versicherungsvertreter auch!). Für manche Situationen ist die Risiko-Lebensversicherung zur Überbrückung eines Zeitraumes sehr empfehlenswert.
Sachwerte	„wertbeständiger" Vermögensanteil (z. B. Grundstücke, Gold). Eine Geldanlage in Sachwerten bietet nach der herrschenden Auffassung einen besseren Schutz vor Geldentwertung als z. B. ein festverzinsliches Wertpapier.

Sanierung	Wiederherstellung der wirtschaftlichen Lebensfähigkeit eines Unternehmens, häufig verbunden mit Verlusten für die Aktionäre
Schwarzgeld	ungesetzlich erworbenes und/oder nicht versteuertes Geld
Sensibilität	Feinfühligkeit, Gespür
Seriosität	Ernsthaftigkeit, Zuverlässigkeit
Slogan	Werbespruch
Spekulationsgewinne	Nach dem deutschen Steuerrecht zu versteuernde Gewinne, die entstehen, wenn man innerhalb von 6 Monaten Aktien kauft und verkauft und dabei einen Gewinn erzielt.
spekulieren	An der Börse Aktien kaufen, in der Hoffnung, sie mit Gewinn wieder verkaufen zu können.
spektakulär	aufsehenerregend
Spitzensteuersatz	siehe Kapitel 2.4.4.2
Stabilität	Meist im Zusammenhang mit dem Geldwert benutzt. Der Ausdruck „Stabilitätsweltmeister" soll verdeutlichen, daß in den letzten Jahren sich die Geldentwertung in der BR Deutschland langsamer vollzog als in anderen Ländern.
Steuerprogression	siehe unter „progressive Besteuerung"
Strategie	genauer Plan für das eigene Vorgehen

subjektive Rentabilität	siehe Kapitel 2.1.2
Substanzerhaltung	Meist im Zusammenhang mit „real" = sachlich, wirklich, tatsächlich. Reale Substanzerhaltung einer Geldanlage liegt nur vor, wenn man bei der Rückverwandlung der Anlage in bares Geld für dieses Geld genauso viel kaufen kann, wie zur Zeit des Kaufes der Anlage. Gegensatz: Nominale Substanzerhaltung. DM 1 000 im Jahre 1990 sind genauso DM 1 000 wie im Jahre 1950, aber ich kann mir nur sehr viel weniger dafür kaufen.
Synergieeffekt	Wirkung einer Kraft durch gemeinsame Erfüllung von Aufgaben
Tafelgeschäft	Erwerb von Wertpapieren, meist festverzinslichen, am Bankschalter gegen Bezahlung, wobei die Stücke ausgeliefert werden. Der Kunde kassiert später die Zinsen ebenfalls in bar. Der Name des Kunden erscheint nicht in der Buchführung der Bank.
Talmud	Sammlung jüdischer Gesetze und Überlieferungen
Theorie	Annahme, Denkmodell
terminus/ technicus	Fachausdruck
Ticket	Fahrschein
Tilgung	Rückzahlung einer Schuld

timing	Wahl des (günstigsten) Zeitpunktes für eine beabsichtigte Handlung
turbulent	ungestüm, ungeordnet
umgedrehter Floater	siehe Kapitel 2.2.25 „Finanzinnovationen“
Verlust-zuweisungen	entstehen bei Geldanlagen, die zu steuerwirksamen Verlusten und damit zu geringerer Besteuerung führen.
Vermögens-berater	Anlageberater. Selbständiger oder angestellter Berater bei der Geldanlage. Die Berufsbezeichnung ist in der Bundesrepublik Deutschland nicht geschützt. Die Berater leben von ihrem Gehalt als Angestellte, von einer Provision für ihre Tätigkeit als Vermittler von Anlagen, oder von einem Honorar, das der Ratsuchende bezahlt, wie beim Steuerberater.
Währungs-reform	So nennt man die Neuordnung des Geldwesens eines Staates nach einer vollständigen Zerrüttung des Geldwesens. Es wird neues Geld eingeführt. Dabei erhält der Bürger für eine Einheit seines alten Geldes oder seines Guthabens bei einer Bank nur einen Bruchteil einer Einheit des neuen Geldes. Gegenüber einer Währungsreform ist also eine schleichende Geldentwertung (siehe dort) das kleinere Übel, freilich ein sehr schlimmes Übel.
Wandelanleihen	siehe Kapitel 2.2.14
Wechselkurs	Kurs, zu dem die Währung eines Landes in die eines anderen Landes umgewechselt werden kann (z. B. DM in US-Dollar).

Wertpapier	Schuldurkunden, mit denen ein Recht derart verknüpft ist, daß das Recht nur mit der Urkunde geltend gemacht oder auf andere übertragen werden kann.
Zenit	Ausdruck aus der Sternkunde, bedeutet Höhepunkt
Zerobonds	siehe Kapitel 2.2.9
Zinseszinsen	Verzinsung des ganzen, um die Zinsen wachsenden Kapitals

Übersicht der Eignungstests (Erläuterungen siehe bei den einzelnen Anlageformen im Text)

	2.2.1 Geld im Spar-strumpf	2.2.2 Spar-buch	2.2.3 Fest-geld	2.2.4 Bundes-schatz-briefe	2.2.5 Finanzie-rungs-schätze	2.2.6 Berlin-Darlehen (mittel-fristig)	2.2.7 Berlin-Darlehen (lang-fristig)	2.2.8 Renten; (Anlei-hen, Pfand-briefe)	2.2.9 Zero-bonds	2.2.10 Renten-fonds (I.-Fonds f. Festver-zinsl.)	2.2.11 Bauspa-ren	2.2.12 Lebens-versiche-rung	2.2.13 Leib-rente einer Versiche-rung	2.2.14 Wandel-u. Op-tionsan-leihen	2.2.15 Aktien	2.2.16 Aktien-fonds	2.2.17 Eigen-heim	2.2.18 Miet-häuser	2.2.19 Immobi-lienfonds (offene)	2.2.20 Immobi-lienfonds (geschl.)	2.2.21 Gold	2.2.22 Diaman-ten
Reale Substanzerhaltung																						
Bonitätsrisiko	+	+	+	+	+	+	+	+	?	+	+	+	+	+	?	+	0	0	+	?	+	0
Marktrisiko	+	+	+	+	+	+	+	?	?	?	+	0	0	?	?	?	?	?	+	?	–	–
Geldwertrisiko	–	–	?	?	?	?	–	–	–	–	–	+	?	–	+	+	+	+	+	+	?	?
Subjektive Rentabilität	–	–	?	?	?	+	–	?	+	?	?	+	+	–	–	–	–	?	?	?	0	0
Liquidierbarkeit	+	+	+	?	–	–	–	+	+	+	–	–	–	+	+	+	?	?	+	–	+	–
Verwaltbarkeit	?	+	?	+	+	+	+	+	+	+	+	+	+	–	–	+	?	–	+	+	+	+
Steuervorteile	0	0	0	0	0	+	+	?	+	?	+	+	+	0	?	?	+	+	0	?	0	0
Kurs-Chancen, Spekulationsgewinne	0	0	0	0	0	0	0	+	+	+	0	0	0	+	+	+	+	+	+	+	+	+
Tauglichkeit für ältere Senioren	–	+	+	+	+	?	–	+	–	+	–	–	+	?	?	+	+	–	+	–	+	?

Die Kennzeichnung bedeutet:

+ = überwiegend positiv } zu beurteilen
– = überwiegend negativ } zu beurteilen
? = fraglich
0 = entfällt

Übersicht der Eignungstests

Dieses Formular bitte aufklappen